CARL ZUCKMAYER

# Austreibung

1934–1939



NACHWORT VON
JÖRG VON UTHMANN

PHILIPP RECLAM JUN. STUTTGART

»Austreibung 1934–1939« ist ein Teilstück aus Carl Zuckmayers Autobiographie »Als wär's ein Stück von mir«. Der Text folgt dem Erstdruck, Frankfurt am Main: S. Fischer, 1966.

Universal-Bibliothek Nr. 7969 [2]

Lizenzausgabe mit Genehmigung des S. Fischer Verlages, Frankfurt am Main.

Gesamtherstellung: Reclam, Ditzingen. Printed in Germany 1983.
ISBN 3-15-007969-1

In jeder menschlichen Existenz ereignet sich, früher oder später, die Katastrophe der Austreibung, oder Verstoßung, mit der in der biblischen Geschichte alle irdische Mühsal beginnt. Vielen Menschen tritt sie kaum ins Bewußtsein – oder sie empfinden erst später, daß sie einmal, bei einem äußerlich unbedeutenden Anlaß vielleicht, einer Umschulung, einem Orts- oder Wohnungswechsel, einem familiären Zerfall oder einem Bruch im Berufsgang, diese zwangsläufige Wiederholung, Nachspielung eines Urvorgangs durchgemacht haben – so zwangsläufig für die Gestalt des Menschen wie die Metamorphose für die vieler Tiere.
In manchen Lebensläufen und Zeitläuften spielt sich die Austreibung in einer krassen, daseinsbedrohenden Härte ab, unter dem Zeichen der Ächtung, Verfolgung, Heimzerstörung. Wer Glück hat, erlebt das in einem Alter, in dem es noch nicht ihn selbst zerstört, sondern vorhandene Widerstands- und Verwandlungskräfte in ihm wachruft. Wer die Freundschaft liebt, erfährt in solchen Zeiten ihre besondere Gnade: sie erweist sich stärker als jeder Haß, und selbst als der große Widersacher, der Tod.
Als wir Henndorf verlassen mußten, glaubten wir, alles verloren zu haben, was uns lieb und teuer war, und was das Leben lebenswert machte: denn es bedeutete gleichzeitig den Verlust aller empfangenen und erworbenen Zusammenhänge, der natürlichen Zugehörigkeit, wie sie Abstammung, Erziehung, Tradition, Arbeitsgemeinschaft, auch Stil und Gewohnheit des täglichen Lebens in uns gegründet hat. Mehr noch – den Verlust der Sprache,

für den Schreibenden das Element und Material seiner gesamten Tätigkeit, also auch ihres Ertrags, und für jeden Menschen die eigentliche Substanz, Quelle und Wurzel aller Erkenntnis, Erfahrung, Kommunikation – des Humanen schlechthin.
Aber wir wußten noch nicht, daß man in Wahrheit nichts verlieren kann, was man je wesentlich erfaßt und besessen hat, weder Glück noch Schmerz. Ich saß einmal, mit meinem Freund Hans Schiebelhuth und meiner Mutter, damals eine rüstige Sechzigerin, die uns auf unseren Wanderungen oft begleitete, an einem meiner Lieblingsplätze, dem Rand einer einsamen Waldwiese auf dem Henndorfer Hausberg ›Zifanken‹. Man erreichte ihn über lange Feldwege von Hof zu Hof, und schließlich auf einem steilen, verwilderten Pfad durch den dichten Mischwald. Diese Gipfelwiese gab den gesamten Blick auf die Bergketten von Osten über Süden bis weit nach Westen frei, nur das Flachland im Norden war durch die Baumwipfel verdeckt. Man sah an klaren Tagen den Stauffen, Watzmann und Untersberg, auch den Gaisberg bei Salzburg, dann das Tennengebirge, das Steinerne Meer, die Kuppen des Dachsteins, über den Thalgau weg die spitze Nase des Schafbergs am Wolfgangsee, und hinter dem Mondsee, der von dort wirklich wie ein opalisierender Halbmond wirkte, die Abhänge der Drachen- und Herzogenwand. Aber im Gegensatz zu diesen bekannten Landmarken und Ausflugsorten kam dorthin, auf den Zifanken, kein Mensch, es sei denn ein Holzknecht im Winter oder ein Jäger im Herbst. Plötzlich, während wir still dasaßen und über die Gräser hinschauten, trabte ein schöner, roter Fuchs auf uns zu, er lief mit dem Wind und sah uns erst im letzten Moment, sodaß er vor Schreck hochsprang und in langen Sätzen dem

Gebüsch zueilte. Solche Begegnungen mit scheuen, selten frei anzutreffenden Tieren, sei's in Europa mit einem Fischotter, Marder oder Dachs, sei's in Vermont drüben mit einer Wildkatze oder gar mit einem Bären, lösten immer ein spontanes Entzücken in mir aus, als hätte ich etwas von den Geheimnissen der Schöpfung erblickt. Gleichzeitig ergriff mich damals eine merkwürdige, mir selbst unerklärliche Emotion, obwohl ich nicht wußte oder glaubte, daß dies einer unserer letzten Gänge in der mir ganz vertraut gewordenen, heimatlich zugehörigen Landschaft war. Da sagte der Dichter Schiebelhuth, als hätte er gespürt, was – unbewußt – in mir vorging: »Diesen Fuchs, und diesen Waldrand, die wirst du immer haben, wo du auch hingehst. Die gehören dir, das kann uns keiner wegnehmen. Das innere Bild bleibt bestehn.«

Waren wir schon seit 1926, als ich die Wiesmühl gekauft hatte, mehr oder weniger in Henndorf zu Hause, so wurde es ab 1933, nach Hitlers ›Machtergreifung‹ in Deutschland, unser dauernder Wohnsitz. Erst in den letzten zwei Jahren hatten wir dann auch eine Wohnung in Wien. Die Nähe der Stadt Salzburg, die durch Reinhardt und Hofmannsthal ebenso wie durch ihre hohe Musikpflege in den Sommermonaten ein Weltzentrum geworden war, bewahrte uns vor allzu großer Verbauerung, und unser Bekannten- und Freundeskreis in diesen Jahren war von einer kaum beschreiblichen Vielfalt und Reichhaltigkeit. Er ging von den großen Künstlern, Weltleuten, kurzum ›Persönlichkeiten‹, wie sie als rare Zugvögel, teils schwarmweise, teils im Einzelflug, vorübergehend dort einfielen, bis zu den Standnistern und Bodenbrütern der einheimischen Bevölkerung. Vom

›Herrn Professor‹ (das war damals nur Max Reinhardt, während es heute fast ein Vorname für jede Art von ›Kulturträgern‹ geworden ist) und seinen berühmten oder vornehmen Besuchern, bis zu den jungen Damen aus England und Amerika – die zum Entsetzen der Eingeborenen rotlackierte Fußnägel in zierlichen Sandalen zeigten –, vom Herrn Erzabt des St. Peter-Stifts bis zum Kellner Franz im Café Bazar, oder dem alten Portier im ›Österreichischen Hof‹, und der ›Pflegerwirtin‹ in der Kaigasse, in deren behaglicher Gaststube mit dem Tiroler Krötenofen ich viele Nachmittagsstunden, in denen sie leer war, mit meinem Arbeitsheft gesessen und dann meinem immer aufgeschlossenen, empfangsbereiten Freund Kapsreiter beim Abendschoppen daraus vorgelesen habe.

Im Anfang konnten wir Salzburg, wenn man kein eigenes Fahrzeug besaß, nur erreichen, indem man sich über den eine Viertelstunde von unsrem Haus gelegenen See rudern, ›überführn‹, ließ, und dort in der Station Wallersee einen langsam durchs Land krabbelnden Bummelzug bestieg. Später gab es dann den Post-Autobus, der selten fuhr und immer überfüllt war. Es war zwar lustig, ihn zu benutzen und den derben Witzen der sich darin herumstoßenden Bauern und Marktleute zuzuhören, aber manchmal fuhr er auch in den Graben oder blieb, immer gerade bei einem Wirtshaus, deren es auf einer Strecke von sechzehn Kilometern ein halbes Dutzend gab, wegen Motorschaden stecken. So ging ich am liebsten zu Fuß und zwar, dreieinhalb Stunden lang, über die ›Straß‹, den Heuberg und den verwachsenen Jagersteig auf der ›Waldleiten‹, der auf einem offenen Wiesenhang über dem Vorort Gnigl endete. Dort gab es ein altes Gasthaus, von Kastanien und Linden umstanden, es hieß

›Dachslueg‹, und es führte nur ein Landweg hinauf, für Autos nicht befahrbar. Und von da sah man dann die ganze Stadt, wie sie zwischen der Festung, dem Kapuzinerberg, Mönchsberg und Nonnberg eingebettet liegt, bis zu dem freien Hügel und den Türmen der Wallfahrtskirche Maria Plain, gewöhnlich von einem flimmernden Dunst berieselt, der nach den notorischen Regentagen dort dem spätsommerlich klaren Wetter vorausgeht. Auf einmal schütterte die Luft von einem ungeheuren Dröhnen, es war Mittag, alle Glockentürme sind aufgewacht, und von ihrem tiefen brummenden Anschlag und hellen heftigen Gebimmel reißt der Dunst entzwei, auch jene leichte bräunliche Wolke aus Herdrauch und Menschenbrodem, die immer wie das flache Wasser einer Moorlache über alten, enggebauten Städten liegt. Dann ging man rasch zur Stadt hinunter, schlenderte durch die belebte Linzergasse, trat in das oder jenes Geschäft ein und traf sich zu einer Verabredung mit den Freunden.
Unter diesen gab es zwei Gruppen, eben jene Durchzügler und Paradiesvögel, die hauptsächlich in der Festspielzeit dort ihre privaten künstlerischen Gastspiele gaben, und dann den festen Bestand der ansässigen Dauerfreunde. Zu denen zählten wir unseren Henndorfer Totengräber und seine Schützenbrüder ebenso wie Stefan Zweig, der inmitten seiner unschätzbaren Sammlungen von Autographen und Reliquien (Briefe und Partituren von Mozart und Beethoven gab es darunter, auch dessen wackliges Schreibpult und sein letztes Klavier!) auf dem Kapuzinerberg saß, wie Lernet-Holenia, Österreichs vornehmsten Dichter seit Hofmannsthal, wie die großen deutschen Schauspieler Werner Krauß und Emil Jannings, der eine mit seiner irritierend hübschen Frau, der jungen, begabten Schauspielerin Maria Bard in seinem

braven Häuslein ›Spätzle‹ am Mondsee, der andere mit seiner Gattin Gussy Holl, einst Deutschlands brillantester und ebenso gescheiter wie schöner ›Diseuse‹, dem Rang einer Yvette Guilbert nicht nachstehend, in seiner Villa mit Park, Seegrund, Bootshaus, Geflügelhof und Schweinestall in Gschwend. Emil war dollarschwer aus Hollywood heimgekehrt, als ihn der Tonfilm, dem er sich in der fremden Sprache nicht ausliefern wollte, von dort vertrieb, und ich hatte dann nach Heinrich Manns Roman ›Professor Unrat‹ das Manuskript und die Dialoge zu seinem ersten und heute noch faszinierenden Sprechfilm ›Der Blaue Engel‹ geschrieben. Hierzu eine Randbemerkung, die nur Literaten und Kulturkritiker interessieren mag: Heinrich Mann, den ich verehrte, war mir gegenüber von einer gütigen und sympathisierenden Camaraderie, und alles, was ich persönlich zu diesem Film beitrug, geschah in fortgesetztem Kontakt mit ihm und mit seinem ausdrücklichen Einverständnis. Nur hatte er eine unerfüllbare Marotte, daß nämlich Trude Hesterberg, Leiterin und Grande Vedette des Berliner Kabaretts ›Wilde Bühne‹ – der er damals in einer von ihm offen und souverän zur Schau getragenen Hörigkeit anhing –, die weibliche Hauptrolle spielen solle, was er in unzähligen Botschaften mit seiner kleinen, korrekten Handschrift der UFA vorschlug. Sie wäre gewiß als Typ der in seinem genialischen Frühwerk gezeichneten ›Künstlerin Fröhlich‹ ähnlicher gewesen, hätte aber in ihrer reiferen Jugend niemals das Kinopublikum betört und hingerissen, wie es der eigentlich damals erst entdeckten Marlene Dietrich gelang, womit sie nicht nur für sich selbst den Welterfolg begründet, sondern eine Gestalt kreiert hatte, die dann in tausend Spielarten, bis auf den heutigen Tag, immer wieder – aber nie mehr mit derselben Originalität und Rasse – nachgebildet wurde. Dies zu den Akten.

Mit den ›Janningsen‹ tauschten wir regelmäßige Besuche aus, von denen wir, wenn sie dort stattfanden, immer etwas überfressen heimkehrten, denn Frau Gussy verstand es, aus einem Sauerbraten, einer Gans, einer Schlachtschüssel oder einem Rindfleisch mit ›Grüner Soße‹ (sie stammte aus Frankfurt) pantagruelische Festmähler zu gestalten. Emil seinerseits war eine rahmensprengende Figur, auf die, auch körperlich, normale menschliche Maße nicht anlegbar waren. Er wirkte auf seinem Gut wie ein Renaissancefürst in seinem Castello – Geld bedeutete für ihn Macht, und Macht hieß ihm Leben, nämlich aus dem vollen und mit voller Freiheit für das, was sein wirklicher Lebensinhalt war: die Hauptrolle. Es trat auch in seiner Schauspielkunst, ganz gleich ob er den ›Letzten Mann‹, Portier eines Grand' Hotels und schließlich Toilettendiener, den Mephisto, einen Berliner Ganoven, einen Zirkusakrobaten, eine Gerhart-Hauptmann-Gestalt oder Heinrich den Achten oder den Dorfrichter Adam spielte, stets etwas unvergleichlich Mächtiges, Gewaltiges zutage, das ihn in dieser gewaltigen Generation von Schauspielern, ich nenne nur Krauß, Steinrück, George, Bassermann, Kayssler, Klöpfer, Wegener, Moissi, Pallenberg, Kortner, Granach, Deutsch, Forster und es gab noch ein Dutzend andere, in die erste Reihe stellte, und ihm sogar internationalen Ruhm und Erfolg eintrug. Seine liebenswürdigsten und unwiderstehlichen Qualitäten offenbarte er in der Geselligkeit, als Gastgeber und Tischgenosse, mit geistig und leiblich konkurrenzfähigen Freunden, die er alle an Appetit, aber auch an realistischem Witz und exzessivem Humor übertraf. Niemals, wenn ich von dem Prager

Maler Maxim Kopf, dem späteren Gemahl der großen amerikanischen Publizistin Dorothy Thompson, absehe, kannte ich einen Menschen, dem es gegeben war, die unanständigsten, manchmal unaussprechlichsten Worte und Wendungen mit einer so gelassenen Grazie und Selbstverständlichkeit zu produzieren, daß selbst wohlerzogene junge Mädchen nicht zu erröten brauchten, sondern freimütig lachen konnten, und es für niemanden peinlich war: es kam eben aus der Fülle einer sinnlich-saftigen, aber auch von allen möglichen Geistern und Teufeleien durchfunkelten Mannsnatur. Ich selbst bin überaus empfindlich gegen Obszönität, besonders den Sexualwitz, wo er aus einem vitalen Mangel und Ersatzbedürfnis, aus Angeberei oder zerebraler Lüsternheit resultiert: das Kraftwort, das nicht einer Kraft entspringt, wirkt beschämend. Emils rabelaisische Urwüchsigkeiten aber waren völlig echt, trotz seiner sensiblen und sogar hypochondrischen Züge – der Quell seiner Phantasie lag tief in seinem Bauch und sprudelte aus den Drüsen.

Ganz anders gelagert waren die Phantasiekräfte seines Kollegen und Jugendfreundes Werner Krauß, den ich heute noch für den größten Schauspieler dieses Zeitalters halte. Er war ein Zauberer. Er war und lebte in allem, was märchenhaft ist, magisch, geheimnisvoll, an den Grenzen der Wirklichkeit und darum ihr eigentlicher gesteigerter Ausdruck. Er begann mit dem Skurrilen, Zeichnerischen, Exzentrischen, und er drängte mit aller Macht seiner genialen Persönlichkeit nach dem Klassischen, Umfassenden, nach der großen Form. Erst waren es die Randfiguren und Chargen, zwielichtige Gesellen bei Hauptmann, wie der Quaquaro in den ›Ratten‹, unheimliche bei Strindberg und Wedekind, die er mit seiner Dämonie erfüllte – denn bei ihm ist das viel mißbrauchte Wort wahrhaft am Platz –, dann kamen die großen Gestalten des Welt-Theaters. Unvergeßlich sein Kleistscher Kurfürst, sein Wallenstein, sein alternder Faust, sein Lear. In der Jugend ein fetter, hüpfender, geiler, vor Bosheit stinkender Franz Moor, im Alter ein hagerer, weiser, von Gottesvision durchleuchteter Kaiser Rudolf in Grillparzers ›Ein Bruderzwist im Hause Habsburg‹. Doch wenn mir einfällt, wie er – als St. Just in Büchners ›Danton‹ – aufstand, mit schiefgelegtem Kopf, dünnen Lippen, die Drahtbrille in der Hand, und mit durchdringend leiser Stimme sagte: »Es gibt in dieser Versammlung einige, die das Wort – ›Blut‹ – nicht hören können...«, dann läuft's mir heute noch kalt über den Rücken.

Er war ein vom Spiel, vom Spielen Besessener, auch im Leben, und das ›Spielen‹ war bei ihm sowohl der Ausdruck einer unablässig gestaltenden Phantasie als einer echten Naivität, eines im wahren Sinn kindlichen Charakters. Ganz im Gegensatz zu Jannings, der ein hellwaches Gespür für den steigenden und fallenden Druck, die Normen und Schwankungen in dieser Welt hatte, vom Börsenkurs bis zur modernen Kunst, war Krauß recht eigentlich weltfremd, bis zu einem Grad, daß er zeitweilig ganz treu an den ›Führer‹ glaubte und an die Reinheit seiner Ziele, was Emil niemals tat, ihm imponierte nur der Erfolg, und den hatte der Mann schließlich aufzuweisen (bis er ihn überzog).

Ich muß, um etwas von seiner künstlerischen Dämonie ahnen zu lassen, eines kleinen Vorfalls gedenken, der sich in meinem Haus in Henndorf abgespielt hat, wo Krauß mich öfters von seinem Wohnsitz am Mondsee aus besuchte. Ich besaß eine sogenannte ›schieche Perchtenmaske‹, ein sehr seltenes und merkwürdiges Stück, etwas über zweihundert Jahre alt, wie sie in österreichischen Gebirgsdörfern bis in die heutige Zeit hinein beim ›Rauhnàchteln‹, bei Faschings- oder Adventsumzügen, bei allerlei urheidnischen Volksbräuchen als eine Art Gespensterschreck (Bannung, Beschwörung, Teufelsabwehr durch seine Darstellung) getragen werden. Ich hatte sie auf dem Dachboden eines alten Wirtshauses gefunden und erstanden. Es war ein schauerliches Ding – ein großes, aus glattpoliertem Holz geschnitztes Gesicht, mit Lederbändern hinterm Kopf zu befestigen, fast wie eine Negerteufelsmaske: übertrieben lange Nase, schielende böse Schlitzaugen, gräßlich bezahntes Maul, ein Haarschopf aus fahlem Flachs, wie man sich einen blutsaufenden, kinderfressenden Troll vorstellen könnte. Sie war so beängstigend, daß niemand in meinem Haus sie sehen wollte. Mir ging es ähnlich, und ich hielt sie auf dem Dachboden in einer Kiste verborgen, so wie es auch ihr früherer Besitzer getan hatte. Kramte ein Dienstmädchen oder eine Putzfrau dort oben und stieß zufällig darauf, so hörte man gewiß einen gellenden Angstschrei und das Gepolter einer kopflosen Flucht.

Im Verlauf eines langen, gemeinsamen Nachmittags, an dem uns zwischen hell und dunkel der Wein nicht ausging, kam Krauß im Gespräch auf den Begriff der ›Mimik‹ – den mimischen Ausdruck des Schauspielers auf der Bühne und im Film, wo die Großaufnahme ihm neue, detaillierte Wirkungsmöglichkeiten geschaffen habe. Das, sagte Krauß, sei ihm im Grunde am Film verhaßt. Denn er wolle ja nicht durch einen wie mit dem Fernglas zu beobachtenden Gesichtsausdruck wirken. Dafür – sei er nicht Schauspieler geworden. Er wolle ja ... (er dachte lange nach und sagte dann mit einem merkwürdig eigensinnigen Tonfall): zaubern. Ja, zaubern. Er verachte Schauspieler, sagte er, die es mit der ›Mimik‹ schaffen müßten. Das seien Fratzenschneider. Dazu seien auch die Dichtungen nicht geschrieben. Die große dramatische Dichtergestalt – die müsse man eigentlich mit einer Maske spielen können. Das sei das Wahre. Er habe gelernt, daß man im klassischen Altertum mit Masken gespielt habe, auch die großen menschlichen Schicksalsgestalten, den Agamemnon, den Ödipus, nicht nur die Götter – und das habe er sich heimlich immer gewünscht. Er sei sogar überzeugt, daß es im Publikum niemand merken werde – falls er wirklich ganz ›in seiner Rolle drin sei‹ –, ob er eine Maske trage oder sein wirkliches Gesicht so und so maskiere. Denn das sei ja der eigentliche Sinn des Sich-Schminkens, das man auch ›Maske-Machen‹ nennt. Erst hinter der Maske könne man eben – zaubern. Ich kam plötzlich auf die Idee, eine Probe mit ihm zu machen, und holte rasch die gräßliche Perchtenmaske vom Dachboden herunter. Krauß war ganz fasziniert. Er drehte die Maske hin und her, hielt sie manchmal wie prüfend vor sein Gesicht und murmelte vor sich hin, während am Tisch die Unterhaltung der anderen weiterging – aber plötzlich setzte er sie auf und band sie sich hinter den Ohren fest, und sofort wurden alle ganz still. Eine Zeitlang wiegte er den Kopf, man sah nur die Maske und seine aus den Hemdsärmeln ragenden, sonderbar nackt wirkenden und ausdrucksvollen Händen. Auf einmal sagte er: »Ach, ich bin ja so traurig. Ich kann es nicht überwinden. Ich muß ja weinen. In mir ist alles voll Schmerz. Mein Leben lang könnte ich weinen.« Seine unheimlich starke Stimme war dabei fast monoton. Wir aber sahen alle die Maske weinen. Er fuhr noch eine Zeitlang so fort, er erzählte eine Geschichte, wie ihm die Geliebte gestorben sei, er verteidigte sich in einem Dialog mit einem Unsichtbaren, der ihm zumutete, dies sei seine eigne Schuld gewesen, er bekannte die Schuld – »ja, ich weiß es doch, es ist meine Schuld, ich hab es getan« –, und die Maske bekam den Ausdruck tiefster Verzweiflung und schrecklichen, unheilbaren Unglücks. Dann kicherte er plötzlich verlegen und nahm die Maske ab, schien aber selbst kein Gesicht zu haben. Seine Augen, sonst strahlend blau und ein wenig verschlagen, waren wie ausgedunkelt und schauten niemanden an. »Weiter«, sagte ich und gab ihm ein neues Glas. Er leerte es, lehnte sich zurück, setzte die Maske wieder auf und schlug sich plötzlich – ohne zu lachen, ohne Laut – auf den Schenkel. Nur den Atem zog er ein, wie jemand, der sich so amüsiert, daß ihm das Lachen im Halse stecken bleibt. »Kinder«, keuchte er dazwischen, »ist das komisch!« Ich kann es beschwören, und alle die dabei waren, könnten es ebenfalls: die Maske grinste und lachte übers ganze Gesicht.

Es ging lange so weiter. Er spielte Szenen der Komik, des Glücks, der Lüge, der Gier, des Zorns, des unversöhnlichen Hasses, des Mißtrauens und der Furcht, mit den sparsamsten Bewegungen der Hände – und mit der Maske –, immer nur von ganz primitiven, stichworthaften Texten begleitet. Wenn er den Kopf schief legte und plötzlich sagte: »Jetzt bin ich böse!« – mit einem fast kindisch manierierten Tonfall wie manchmal bei seinem Franz Moor –, war es zum Fürchten. Wenn er lachte oder den Tölpel spielte, mußten wir uns den Bauch halten. Es war wie bei einer hypnotischen oder magischen Séance. Ich habe dann die Maske wieder weggesperrt.

Werner Krauß hatte das ursprüngliche Empfinden eines

Kindes, er war verschlagen und selbstbezogen wie ein Kind, er liebte wie ein Kind. Er war sich seiner umschmeißenden Wirkung auf Frauen – ich erlebte einmal, daß eine auf einer Gesellschaft in Ohnmacht fiel, die er begehrlich anschaute – kaum bewußt. Er spielte damit. Auch sein Humor, auch seine Haltung der Umwelt und den Ereignissen gegenüber, kam aus der Quelle einer aufrichtigen, doch seltsam hintergründigen Einfalt. Man mußte ihn in seinem Berliner Lieblingskreis gesehen haben, zu dem Asta Nielsen, die Magierin und Astarte der frühen Stummfilmzeit, und ihr mit allen moskowitischen Grazien gesegneter Gatte Grigori Chmara, aber auch Kuddeldaddeldu, der immer alkoholselige oder -unselige Joachim Ringelnatz gehörte – wie Krauß in der Weinlaune ganze Fortsetzungsromane, einen von ihm erträumten ›Fliegenden Holländer‹ zum Beispiel, dramatisch improvisierte – man mußte die Eulenspiegeleien und Fallstaffiaden erlebt haben, die er sich auf Proben, und manchmal sogar auch bei Aufführungen, mit seinen Kollegen leistete, um zu wissen, bis zu welchen Bocksprüngen, aber auch zu welcher Absurdität diese Spielbesessenheit führen konnte; die Einfälle aktueller Surrealisten kommen mir dagegen ausgetüftelt und künstlich vor. Und wenn er so naiv war, daß er den Führer unter seinen Gangstern, nachdem er einmal auf dem Obersalzberg eingeladen war, mit Jesus unter den Jüngern verglich – ich lachte ihn aus, aber er sagte nur: »Du mußt ihm begegnen!« –, hielt er gleichzeitig eine ebenso kindliche Treue zu seinen jüdischen, jüdisch ›versippten‹ oder auch politisch verfolgten Freunden: so versteckte er, nach der Besetzung Österreichs durch die Nazis, den arg verhaßten und wie eine bösartige Karikatur aus dem ›Stürmer‹ aussehenden Journalisten Siegfried Geyer in seinem Häuschen in Grinzing, bis er über die Grenze entkommen konnte, und ich selbst habe etwas davon zu erzählen.

Ich konnte es nämlich in diesen ersten Jahren der Naziherrschaft nicht lassen, obwohl ich vor der ›Machtergreifung‹ öffentlich gegen Goebbels gesprochen hatte und auf seiner ›Liste‹ stand, obwohl ich ein ›Verbotener‹ und, schon seit dem ›Fröhlichen Weinberg‹, Verfemter war, obwohl ich – das schlimmste Verbrechen, das damals ein Deutscher begehen konnte – eine ›nichtarische‹ Mutter hatte, von Zeit zu Zeit noch aus Österreich hinüberzufahren, nicht aus Heroismus, denn ich konnte ja damit gar nichts besser machen, keinem meiner im KZ gequälten Freunde helfen, höchstens selber hineinkommen – eher aus einer unbewußten Art von selbstmörderischer Verzweiflung, und dann aus Neugier: ich wollte diese falschen Jakobiner einer auf Hartspiritus aufgekochten ›Revolution‹ noch aus der Nähe sehen, bevor es für mich – oder für sie – zu spät war; und es gelang mir, in einer Billinger-Uraufführung im Deutschen Theater Berlins, gleichzeitig Goebbels, Göring, Himmler und einige heut vergessene, damals dick aufgeplusterte Unterläufer in freier Wildbahn zu beobachten – sie mich vermutlich auch, und das Gewehr hatten *sie*. Das war im Jahr 1936. Käthe Dorsch, die in der Aufführung die Hauptrolle spielte, sagte mir zwar: »Wenn sie dich hopp nehmen, dann lauf ich zu Göring« (der für sie eine alte Schwäche hatte) »und heule so lang, bis sie dich wieder rauslassen« – aber ich war mir der Wirksamkeit ihrer Tränen, obwohl sie oft Gefängnistüren aufgetaut hatten, nicht ganz sicher. Werner Krauß aber wich in diesen Tagen einfach nicht von meiner Seite. Er saß neben mir in jener Premiere – »denn wenn ich, als Staatsrat, dabei bin«,

sagte er stolz, »kann dir nichts passieren« –, und als ich am nächsten Tag von Scherler, einem Vertrauensmann aller Anti-Nazis im Propagandaministerium, informiert wurde, daß dort über mein Hiersein geklatscht worden und ich in höchster Gefahr sei, falls ich nicht sofort abhaute, bestand Werner Krauß darauf, mit mir im Schlafwagen – er hatte an diesem Abend spielfrei – bis Prag zu fahren, wo er mich in Sicherheit wußte. Er brachte in diesen Schlafwagen Berlin–Prag–Wien, für den er vorsichtshalber auf seinen Namen zwei Erster-Klasse-Abteile belegt hatte, eine volle Flasche Kognak mit, und der Schlafwagenschaffner mußte uns ohne Unterlaß mit Bier versorgen, dabei vollführte er einen solchen Krach, daß die vermutlich mitfahrenden SS-Leute in Zivil, denn solche wurden damals am laufenden Band in Wien eingeschleust, sicher sehr schlecht geschlafen haben. Andererseits machte das einen Eindruck von Unbefangenheit, den ein lautlos in seinem Abteil verkrochener Flüchtling nie erweckt hätte. So wurden wir von den Grenzbeamten kaum kontrolliert, denn Krauß deklamierte gerade: »Lenore fuhr ums Morgenrot/Empor aus wirren Träumen«, und bei »Hurre Hurre hopp hopp hopp« ging der Zug schon weiter. Um acht Uhr früh, als wir in Prag anlangten, taumelte er über den Bahnsteig, um in den Speisewagen des Gegenzugs nach Berlin zu wanken, wo er abends Richard den Dritten spielen mußte. Aber sein Gewissen war rein, er hatte seinen Freund sicher hinübergebracht, und später habe ich meine Getreuen nicht mehr durch solch leichtsinnige Exkursionen belastet.
Auch wir trieben, in den Jahren unserer sommerlichen Nachbarschaft, ein Spiel miteinander, nämlich Scout und Indianer. Unsere Wohnorte lagen zwar einige Autostun-

den entfernt, da man den Umweg über Salzburg nehmen mußte, und mit der altehrwürdigen ›Ischler Bahn‹ dauerte es noch länger. Über die dazwischenliegenden, mittelhohen Waldberge hinüber, die den Mondsee vom Wallersee trennen, war es für einen guten Fußgänger etwas kürzer. Eines unserer Spiele bestand darin, daß jeder sein Haus in der Frühe zu einer gegenseitig abgemachten Zeit verließ, und daß wir uns dann in den unbegangenen Wäldern, in denen man Ort und Zeit, wann und wo der andere erscheinen mußte, nie genau wissen konnte, aufspürten und womöglich ›beschlichen‹. Wir gingen, wenn wir das vorhatten, bei jedem Wetter, und trugen bei Regen den sogenannten Holzfällerkragen oder Wetterfleck, lange, fast bis zum Schuh herabfallende Lodencapes, unter denen man auch einen Rucksack tragen konnte. Unser Erkennungszeichen für den Fall des Verfehlens war das ›Coyotengeheul‹, wie wir uns das vorstellten, oder der Kriegsschrei der Arrapahoes, ein schriller trillernder Laut, den wir beide recht schauerlich ausstoßen konnten. Manchmal erschien er auch unerwartet in Henndorf, wo mein Arbeitszimmer nach rückwärts lag, sodaß ich nicht hören konnte, was vor dem Haus und auf der Spielwiese der Kinder vor sich ging. Dann stand plötzlich unsere Köchin ganz aufgeregt in meiner Tür und sagte: »Herr Zuckmayer, draußen heult der Herr Krauß!« Denn zu schellen oder am Tor zu klopfen widersprach unseren Stammesgebräuchen. Wir redeten uns sogar mit Häuptlingsnamen an, ich hieß, je nach Bedarf, der ›Schwarze Mustang‹ oder die ›Wasserschlange‹, Krauß war ›der weiße Büffel der Prärie‹. Das war er wirklich, er sah aus wie ein skandinavischer Troll – seine sehr helle Haut wurde von der Sonne nicht braun, sondern krebsrot, und seine buschigen Haare, auch seine

Brauen über den tiefblauen, trotz ihrer Klarheit seltsam undurchsichtigen Augen, damals noch blond, wirkten immer silbrig, fast weiß. Unsere Freundschaft vertiefte sich und bekam neue Akzente, nachdem er, Anfang der dreißiger Jahre, die Uraufführung meines ›Hauptmann von Köpenick‹ gespielt hatte, auch ihn als eine wahre Märchenfigur, den umgetriebenen Schuster, der schließlich den Teufel auf den Leim bannte, unübertrefflich, so viele fast Ebenbürtige inzwischen diese Rolle erfüllt haben. Ich hatte das Glück, nach mancherlei Irren und Wirren, ihn zwanzig Jahre später am Burgtheater in Wien und dann genau ein Vierteljahrhundert nach der Uraufführung auch in Berlin darin wiederzusehn.

Für unsere Kinder, die sich vor Jannings fürchteten, besonders für die damals noch recht junge Winnetou, war Krauß ein reines Glück: es konnte eben kein anderer so aus Herzensgrund und ohne die Distanz des Erwachsenen mit ihnen spielen. Ich glaube, es war für Winnetou ein Höhepunkt ihrer Kindheit, als wir ihr einmal erlaubten, ganz allein mit ihm nach Mondsee zu fahren, wo er sie auf den Rücken nahm und weit mit ihr in den See hinausschwamm, während sie sich an seinen langen Klabautermannshaaren festhielt. Nie konnte er dem Drang oder auch der Versuchung widerstehen, ›mitzuspielen‹. Daraus läßt sich manches erklären, was auf seine späteren Jahre einen Schatten warf. Doch gelang es ihm, richtig abzugehen, nämlich in den Sielen, wie er sich's gewünscht hatte – nach einer Aufführung des ›Lear‹ im Burgtheater, die er kaum mehr zu Ende spielen konnte.

Wieder eine ganz andere, aber ebenso erinnerns- und dankenswerte Freundschaft verband uns mit Stefan Zweig. Er war von Natur aus kein Gefühlsmensch, oder aber, er konnte und wollte die Herzlichkeit seiner Empfindungen nicht unmittelbar ausdrücken und zur Schau tragen. Wem er sich aber einmal verbunden fühlte, dem brachte er eine unbegrenzte, liebevolle Brüderlichkeit entgegen, und ich glaube, daß Freundschaft zu seinen höchsten Glücksmöglichkeiten zählte. Vor allem aber war er ein Mensch von einer ganz ungewöhnlichen, vielleicht einmaligen Generosität und Hilfsbereitschaft. Er stammte aus reichem Haus und hatte von Kindheit auf, auch in seiner Laufbahn als Schriftsteller, nie materielle Sorgen und Nöte gekannt. Desto größer – und tatkräftiger – war sein Verständnis für die Nöte und Sorgen der anderen, besonders der jungen Schriftsteller und Künstler, von denen er unzählige, und zwar nicht aus eitler Mäzenatensucht oder in herablassender Wohltätigkeit, sondern mit einer selbstverständlichen Kameradschaft, in ihren Anfängen, andere auch in ihrem Alter unterstützte. Er tat das unauffällig, mit aller Diskretion, die geringste Publizität wäre ihm ein Greuel gewesen, und Dank versetzte ihn in Verlegenheit. Wo er irgend konnte, half er über das Materielle hinaus mit Empfehlungen, Ratschlägen, Verbindungen – kein Brief, kein Ferngespräch oder selbst keine Reise wäre ihm zuviel gewesen, um einem jungen Autor, den er für förderungswürdig hielt, den Weg zu ebnen. Ich hatte das, als wir uns kennenlernten, Gottseidank nicht mehr nötig, doch der Beginn unserer Freundschaft war ähnlichen Ursprungs. Kaum hatte er erfahren, daß ich mich in der Nähe von Salzburg niederzulassen gedachte, da suchte er, der Ältere und Weltbekannte, von sich aus die Begegnung, lud mich in sein Haus, fuhr nach Henndorf, um sich das unsere noch im Rohzustand anzuschauen, und zog mich in seinen Kreis von bedeutenden, mir damals noch kaum zugänglichen, Persönlichkeiten. Dabei hatte ich noch nichts aufzuweisen als zwei durchgefallene Stücke, einen wilden Skandal an einem Provinztheater, ein schmales Gedichtbändchen und den allerdings sensationellen Erfolg des ›Fröhlichen Weinberg‹, der sich aber genausogut hätte als Eintagsfliege erweisen können und außerdem ein bewaffnetes (nämlich mit Druckerschwärze, Stinkbomben, Gummiknüppeln und Schlagringen) Heer von Gegnern auf den Plan gerufen hatte. Aber gerade das entsprach seiner Ritterlichkeit und war ihm genug, um die Freundeshand auszustrecken: ein junger, umstrittener, Lob und Widerspruch provozierender Autor, an dessen Talent und Entwicklung er einfach bedingungslos glaubte. Das Geben und Schenken gehörte so sehr zu seinem Wesen, daß er sich damit nicht auf Notleidende beschränkte: er empfand das als eine Form des menschlichen Zusammenlebens. Nie hätte er gezögert, einem Autor, der mit der Konstruktion und dem Plan einer Arbeit in Schwierigkeiten war, mit seiner Erfahrung, seinem Wissen und seinen Einfällen beizustehn, ohne wie andere, wenn sie nur einen Darmwind zu einem produktiven Werk beigesteuert haben, sich als ›Mitarbeiter‹ zu brüsten. Umgekehrt kam er mit einem Stück zu mir, dessen Vorspiel ihm nicht recht von der Feder ging, da es unter dem ›Volk‹, nicht sein gewohnter Gegenstand, und noch dazu in meiner engeren Heimat spielen sollte, und akzeptierte mit der gleichen selbstverständlichen Bereitschaft, daß ich ihm die Szene in einer guten Stunde völlig umschrieb. Es ist dabei weiter nichts Besonderes, es sollte unter schaffenden Leuten überhaupt so sein, und ist auch wohl in guten, unbefangenen Zeiten immer so gewesen. Als er zum ersten Mal nach Henndorf kam, standen wir gerade vor dem Problem, einen neuen Ofen in unserer Wohnstube setzen zu lassen, da der alte zusammengebrochen war und wir den ganzen Raum in einem einheitlichen, dem Charakter des Hauses und der Landschaft entsprechenden Stil einzurichten wünschten: es kam dafür nur ein echter, ländlicher Kachelofen in Frage, und der war, wenn man neufabriziertes Kunstgewerbe ausschloß, nicht leicht zu beschaffen. Stefan strahlte. Er ließ sich die Maße geben und zog sich geheimnisvoll zurück. Am nächsten Tag kamen Transportarbeiter mit einem genau in seine Ecke passenden, altsalzburgischen, dunkelgrün getönten und besonders reizvoll ornamentierten Kachelofen, von dem er dann behauptete, er habe ihn unbenutzbar in seiner Wohnung auf dem Kapuzinerberg in der Rumpelkammer entdeckt; ich bin heut noch nicht sicher, ob er nicht stundenlang in Salzburg herumgelaufen ist, um ihn zu finden und ihn uns als ›Einstand‹, wie er das nannte, zu verehren. Sein zweites, für mich noch schöneres Geschenk waren die Hunde. Er besaß ein ganz außergewöhnlich prächtiges Exemplar von einem (im Gegensatz zu den Cockers, die ich nicht sehr gern mag) hochbeinigen, langohrigen und wunderbar proportionierten Springer- oder Wasserspaniel, Vater vieler Hundegeschlechter, an dessen Namen ich mich zu meiner Schande nicht mehr erinnere: es ist so, als ob man den Namen Abraham vergessen hätte. Oder Adam. Jetzt fällt es mir plötzlich ein: er hieß schlichtweg Kasper. Stefan gesellte ihm dann, auch darin generös, damit der Hund für seine vitalsten Triebe nicht weit zu suchen habe, eine ebenso reinrassige (bei Hunden gibt es das) und wunderschöne Gefährtin bei. Dieser amourösen Ehe entsprang dann in den gesetzten Abständen ein Wurf – und ich weiß aus Erfahrung, wie schwer es ist, dessen Resultate, wenn man Hunde

liebt und nicht einfach damit handelt, an den richtigen Mann zu bringen. Trotzdem werde ich es Stefan nie vergessen, daß er mir im zweiten Jahr unserer Henndorfer Menage das schönste Pärchen schenkte, Flick und Flock benannt, das es unter so vornehmen Tieren überhaupt geben kann: weiß und dunkelbraun gefleckt, mit Ruten wie Straußenfedern, die ich natürlich, der Konvention zum Trotz, nicht kupieren ließ, und von einem geradezu unvergleichlichen Hundeverstand: unter vielen Hunden meines Lebens habe ich mit Ausnahme eines Bernhardiners und einer Dackelhündin, die aber schon ein Mittelding zwischen Kind und Engel war, ähnliche Tierpersönlichkeiten nicht gekannt. Sie vermehrten sich in lieblichem und beneidenswertem Inzest, was in der ersten Verbindung keineswegs zu Degenerationserscheinungen führen muß: ihre Nachkommenschaft, die ich ihnen allerdings nur einmal im Jahr vergönnte, war untadelig. Eine kleine, ehepsychologische Studie haben mir die beiden auch vermittelt: im dritten oder vierten Jahr ihrer Lebensgemeinschaft erwies sich der Rüde Flock, der sonst während ihrer Läufigkeit vor Sehnsucht halb rasend war, als völlig uninteressiert und springfaul, die dauernde Nähe und Vertrautheit mit ihr hatte offenbar seine libido abgekühlt, und ich mußte erst einen, an der Kette festgehaltenen, Nachbar-Rüden herbeiholen, um ihn durch Eifersucht zu stimulieren: dann natürlich sprang er sofort und war verliebter als je.
Stefan Zweig war ein ausgesprochener Katalysator: unerschöpflich seine Freude, Menschen, von denen er etwas hielt, zusammenzubringen. So habe ich erst durch ihn Joseph Roth, den er besonders liebte, auch Bruno Walter und Toscanini kennengelernt, und später in London den aus Ekel und Abscheu emigrierten Dichter der ›Unwie-

derbringlichen Zeit‹, den Hamburger Joachim Maaß, mit dem mich dann im amerikanischen Exil eine enge, bis heute weiterwirkende Freundschaft verband. Auch das gehörte zu Stefans Gebefreudigkeit. Ansonsten war er ein komischer Vogel – mir fällt dieses Bild ein, weil er tatsächlich kleine und dunkle, scharf blitzende Knopfaugen hatte, in denen man die Wärme, auch die Melancholie, erst durch längere Vertrautheit erkannte. Er liebte Frauen, verehrte Frauen, sprach gern von Frauen, aber ›in the flesh‹, – es gibt auf deutsch keinen gleichwertigen Ausdruck dafür – ging er ihnen eher aus dem Weg. Wenn er zum Tee bei mir in Henndorf war und meine Frau oder eine Freundin uns Gesellschaft leisten wollte, wurde er leicht nervös, ging auf keine richtige Unterhaltung ein, wehrte höflich ab, wenn man ihm etwas anbieten oder ihn bedienen wollte, sodaß man uns dann verständnisvoll allein ließ: sofort taute er auf und überließ sich, unter Männern, seiner intensiven und immer anregenden Beredsamkeit. Dabei ließ er gern, mit listigem Zwinkern, kleine Andeutungen über erotische Erlebnisse fallen, zu denen er aber nie Zeit hatte, und am liebsten sprach er über die Stoffgebiete, die ihn gerade beschäftigten; es war eine Lust zuzuhören, was er da – auch hierin verschwenderisch – aus seinen abundanten Kenntnissen hervorsprudelte.

Einmal fragte meine Frau, als er nach einem solchen intimen Zwiegespräch gegangen war: »Was hat dir der Stefan heute so aufgeregt erzählt?« – »Den letzten Klatsch aus der Französischen Revolution«, sagte ich nur; denn er arbeitete gerade an seiner ›Marie Antoinette‹ und wußte über jede Phimose, Lues oder Gonorrhoe der Akteure so genau Bescheid, als sei er damals Hautarzt in St. Germain gewesen. Auch erwähnte er solche Dinge

mit dem gleichen, diskreten Lächeln, die Hand etwas vor den Mund gelegt, wie es jener Arzt unter Freunden wohl getan hätte.
Einer seiner sonderbarsten Wesenszüge, in dem wohl schon die Tragik seines Freitodes ihren Schatten vorauswarf, war seine unerklärliche Angst vor dem Altern. Ich habe das bei keinem anderen Menschen, auch bei keiner Frau, in einer solchen Gradstärke kennengelernt. Als er fünfzig wurde, das war noch vor Ausbruch der Gewaltherrschaft in Deutschland und er selbst ein durchaus gesunder, rüstiger, durch keinerlei Unmäßigkeit, noch nicht einmal die seiner Arbeit, geschwächter Mann, verfiel er in eine tiefe Depression, die ihn wochenlang ruhelos machte, er trug sich mit Reiseplänen, die aber eines begonnenen Werkes wegen nicht zur Ausführung kamen – und schließlich bat er mich um einen, wie er es nannte, Freundschaftsdienst: er wollte jeder Art von Gratulation, Feier, Ehrung oder was für einen berühmten und beliebten Mann mit einem solchen Fest verbunden ist, entfliehen und allein mit mir, ohne Hinterlassung einer Adresse, nach München fahren, um den Tag dort fern von Mitwissern in einem kleinen, nur von Kennern besuchten jüdischen Restaurant zu begehen. Er liebte, gut zu essen, und hatte herausgefunden, daß man nirgends anders den blauen Karpfen, die gedämpfte Gänsekeule und alle Beilagen so vollendet zubereiten könne. Er gab sich, mit mir allein, diesem recht mächtigen Festessen mit vollem Behagen hin, plauderte lustig und angeregt über dies und das und ahnte nicht, daß die Wirtsleute, die ihn verehrten, über sein Geburtsdatum genau Bescheid wußten, nur aus Diskretion und Respekt davon keine Notiz nahmen. Zum Schluß, bei einem Schnaps, den diese Mahlzeit unbedingt nötig machte, sagte er

plötzlich: »Eigentlich hätte man jetzt genug vom Leben. Was noch kommen kann, ist doch nichts als Abstieg.«
Da ich fünfzehn Jahre jünger war, widersprach ich nicht weiter, sondern hielt das mehr für eine Redensart. Ich hörte ihn fast dasselbe noch einmal sagen, als er mich, ein halbes Jahr vor seinem sechzigsten Geburtstag, bei einem kurzen Besuch in New York in ein französisches Lokal einlud. Er fügte hinzu: »Wie auch immer der Krieg ausgeht – es kommt eine Welt, in die wir nicht mehr hineingehören.« Auch damals war er noch ein völlig gesunder Mann, von keinem physischen Leiden und auch nicht von der materiellen Not, welche die meisten von uns Exilierten bedrückte, heimgesucht. Es verging nicht viel Zeit, bis wir dann aus Brasilien die Nachricht von seinem Selbstmord erhielten.
Er mußte, im Frühling 1934, während der Kämpfe zwischen der Dollfuß-Regierung und den Wiener Sozialisten, unter denen er einige nahe Freunde besaß, eine Haussuchung durch die österreichische Polizei über sich ergehen lassen. Am nächsten Tag packte er seine Koffer und fuhr nach London, um nie mehr zurückzukommen. Ich traf ihn dort kurz darauf, wo ich mein Brot durch Filmarbeit für Alexander Korda verdiente, aber nur, um es dann in Henndorf verzehren und Freiheit für meine eigne Arbeit finden zu können. Er beschwor mich, nicht wieder heimzufahren, sondern meine Familie nachkommen zu lassen und in England zu bleiben. Ich umgekehrt fand es unbegreiflich, daß er jetzt, nachdem Österreich sich politisch beruhigt hatte und keine unmittelbare Gefahr zu drohen schien, nicht in sein geliebtes Heim, das noch von seiner Gattin Friederike betreut wurde, und zu seinen Sammlungen zurückkehrte. Aber die waren schon wohlverpackt unterwegs, und sein Vermö-

gen bereits transferiert. »Ich könnte dort nicht mehr schlafen«, sagte er mir, »ich habe nachts, von der deutschen Grenze her, immer das Rollen von Panzern gehört.« Er warnte mich eindringlich, fast verzweifelt. »Du gehst in eine Falle zurück«, sagte er, »die früher oder später zuschnappt. Es kann gar nicht anders kommen. Warum willst du nicht jetzt, wo du dein Hab und Gut noch mitnehmen könntest, ins Ausland gehen, statt auf die Flucht zu warten – falls sie dir dann noch glückt?« – Natürlich hatte er recht, und mein Standpunkt war kurzsichtig, oder, besser gesagt, eine Dummheit. Aber manchmal haben die Götter die Dummheit über die Vorsicht gesetzt. Ich segne sie heute, die Götter sowohl wie die Dummheit, denn sie hat mir noch vier gute, erfüllte Jahre beschert, und vielleicht haben gerade die in uns die seelischen Kraftreserven gespeichert, um das Furchtbare, das dann kam, zu ertragen.

Diese letzten paar Jahre in Österreich erweiterten und vertieften noch unsere freundschaftlichen Verbindungen: es kam ja nach Salzburg und in unser Henndorfer Heim nicht nur die ›Prominenz‹ – Franz Werfel mit seiner lebens- und machtvollen Gemahlin Alma Mahler, Gerhart Hauptmann, Thomas Mann, Bruno Frank, um nur die hervorragendsten zu nennen –, sondern es fanden sich viele vom Glück weniger Begünstigte, wie der in größter Armut lebende und rastlos schaffende Dichter Johannes Freumbichler, oder bereits der Heimat Beraubte ein, die dort ihre erste Station machten. Für uns bestand das Glück darin, daß wir schon vorher hier heimisch geworden waren und daher noch nicht in der Fremde lebten, sondern in deutschem Sprachgebiet, das man, außer gerade noch dem engeren Umkreis der deutschen Schweiz, als die letzte Enklave einer, in Deutschland verlorenen, geistigen Freiheit betrachten durfte. Natürlich wußte man, was sich unter den Spießbürgern des Landes zusammenbraute, aber man war nicht unmittelbar davon berührt, man kannte diese Menschen zu wenig, nahm sie nicht ernst und glaubte – trotz unserer Erfahrungen in Deutschland, die uns hätten eines besseren belehren müssen –, man könne das weglachen. Manchmal sah es so aus. An einem Sommernachmittag, während er in Salzburg den ›Mephisto‹ probte – es war ein Jahr, bevor er bei einem Flugzeugabsturz ums Leben kam –, besuchte uns der große, geist- und witzsprühende, aber im Gegensatz zu solchen Instinktkünstlern wie Krauß oder Jannings eher intellektuelle, scharf denkende und formulierende Max Pallenberg. Man nannte ihn einen Komiker, womit aber seine Kapazität viel zu sehr eingegrenzt wird; er war eher das, was man in den Zeiten Nestroys und Raimunds einen ›Volksschauspieler‹ genannt hätte, und als solcher hätte er vermutlich selbst gedichtet, bissig, satirisch, zeitkritisch-populär oder wenigstens – worin er sich ohnehin bei Reinhardt ausleben durfte – improvisiert. Ihn gelüstete es an diesem Nachmittag, einen richtigen, volkstümlichen Salzburger Biergarten kennenzulernen, und wir fuhren mit ihm ins ›Müllner Bräustübl‹, die ausgedehnte, weiträumige Schänkwirtschaft des in einem westlichen Vorort von Salzburg gelegenen Augustinerklosters. Im Sommer saß man dort unter alten Kastanien auf einer mächtigen, mehrere hundert Holztische mit Bänken fassenden Freiterrasse, holte sich das unvergleichlich frische, in der Klosterkellerei gebraute Bier in Tonkrügen, die man vorher in einem klaren Brunnenstrahl ausspülte, selbst vom Faß und den Leberkäs, das Geselchte, die Gurken oder den Liptauer und die immer knusprigen Brote oder Salzstangen von den Verkaufsständen in dem gewölbten Säulengang. Gegen Abend, nach Geschäftsschluß, war dieser Biergarten stets überfüllt, ist es auch heute noch, und wer in anderen Ländern gelebt hat, findet eine so allgemein zugängliche und wenig kostspielige, aber, was Trank und Speise anlangt, keineswegs anspruchslose Quelle der Erholung jedem Stadtvolk herzlich zu gönnen. Von den Professoren des Mozarteums bis zu den Handlungsgehilfen der Getreidegasse hockte dort, klassenlos, alles Backe an Backe beieinander, und ließ es sich wohl sein. Auch Pallenberg ließ es sich eine Zeitlang ganz offenbar wohl sein. Aber allmählich wurde er unruhig, halb gereizt, halb beklommen. Ich spürte, was in ihm vorging. Auf einem Münchner Oktoberfest, zwanzig oder zehn Jahre früher, hätte er nichts dergleichen empfunden. Jetzt, da Hitler vor den Toren stand, vor den Toren der Welt sozusagen, empfand er das Dumpfe, Kleinbürgerliche, oder auch: die ›Gemütlichkeit‹, aus der jederzeit das Ungemütlichste, Haß, Neid, Kälte, Roheit, hervorbrechen könnte, als etwas Unerträgliches, als die Verschleierung eines Abgrunds, in den sich die Masse, einmal verführt, nur allzu willig hineinstürzen würde. »Sind das nicht alles Nazis?« fragte er mich. »Wenn man so will«, sagte ich, immer zur bona fides geneigt, »ein Teil davon. Aber die stellen sich nichts Böses drunter vor und sind ungefährlich.« – »Das werden wir sehen«, sagte Pallenberg. Und im nächsten Moment, bevor meine Frau oder ich ihn hätte daran hindern können, war er schon auf unseren, von etwa zwanzig Personen besetzten Holztisch gesprungen, kämmte sich mit einem Griff die Haare auf einer Seite in die Stirn und hielt sich zwei Finger, schnurrbartartig, unterhalb der Nase auf die Oberlippe, sodaß

er plötzlich, in einer chaplinesken Verwandlung, auf ebenso erschreckende wie zwerchfellerschütternde Weise einer Karikatur des ›Führers‹ glich. »Salzbürger und Salzbürgerinnen!« begann er mit der sonor kreischenden Stimme, die damals jeder aus dem Radio kannte – und nun folgte, fünf Minuten lang, eine so wahnwitzig ins Absurde hochgepulverte Imitation einer Hitler-Rede (und ich muß wieder sagen, dagegen kommen mir die heute klassischen ›Absurden‹ etwas lahm vor), daß uns, meiner Frau und mir, um eine – in diesem Fall angängige – Phrase zu gebrauchen, das Blut in den Adern stockte. Wir hatten das Gefühl, daß sich im nächsten Augenblick der ganze Biergarten wie eine Steinlawine über uns drei Vereinzelte, Wehrlose, herstürzen müsse.
Doch es passierte gar nichts. Ein paar Leute lachten, ohne genau zu wissen, warum, wie wenn sich ein Clown in einem Zirkus, die ›lustige Person‹ in einer Volkskomödie, produziert. Ein paar andere brummten, in ihrer Gemütlichkeit belästigt, vor sich hin. Die übrigen, also die meisten, glotzten verständnislos und wandten sich dann wieder ihren Bierkrügeln zu. Derjenigen, welche sich Notizen machten, wurden wir nicht gewahr. Pallenberg, von dem Mangel an Wirkung ein wenig enttäuscht, aber dann auch erleichtert, daß seine Eskapade keine bedrohlichen Folgen hatte, begann sich ohne Übergang wieder an seinem Leberkäs zu freuen. Und für uns war das, in unserer notorischen Kurzsichtigkeit (wishful thinking nennt man das in der angelsächsischen Welt), ein Beweis, daß die Leute in Österreich ihre Ruh haben wollten und daß es nur auf die ›Besseren‹ ankomme, auf jene Sonderklasse und Bildungsschicht, mit der man vertraut und befreundet war.
Der ausgedehnte Verwandtenkreis des Hauses Mayr

umschloß auch die kultivierte Familie Kapsreiter zu Schärding im Innviertel, wo heute noch – unter der Patronage von Gustav Kapsreiter, der ein Leben lang Wirtschaftsführung, Politik und Wohlhabenheit mit enthusiastischem Kunstverstand zu vereinen wußte, einem Lebenskünstler in jedem Betracht – die sehr produktive ›Innviertler Künstlergilde‹ am Werk ist. – Unter seiner besonderen Betreuung und in seiner Nähe – in Zwickledt – hauste, bis zu seinem Tod vor wenigen Jahren, der große Maler-Zeichner, auch Dichter, Alfred Kubin, ein Magier und Sterndeuter unter den Künstlern seiner Zeit. Sein Werk ist ein vollkommener Ausdruck der urtümlichen und unheimlichen Seltsamkeit, der spintisierenden Clairevoyance, der Irrlichterei und des hintergründigen Charakters dieser besonderen Landschaft und ihrer ›anderen Seite‹. Auch Richard Billinger stammte aus dieser Ecke, in der es, außer dem brausenden Gefälle des Inn, weite moorige Einöden gibt und in deren engen Dörfern Hysterie, Veitstanz und Besessenheit zu Hause sind. Dort gab es die ›Schneider-Bub'n‹, mediale Handwerkersöhne, die alles konnten, durch die verdunkelte Stube fliegen, Astralplasma aus Mund, Nase, Ohren hervorbringen, schwere Möbel tanzen lassen, und die dem berühmten Spiritistenprofessor Schrenck-Notzing als Studienobjekte dienten, bis sie eines offensichtlichen Betrugs überführt wurden. Unweit, bei Braunau, dem Ort, der uns den ebenso ›medialen‹ Führer schenkte, lag das alte Schloß Ranshofen, Geburtshaus und Eigentum meines Heidelberger Studienfreundes Egon Wertheimer. Da aber dieser sich der Politik ergeben hatte, die ihn fast immer im Ausland hielt, exzellierte das schöne Haus mit Kreuzgang und Schloßkapelle in einem Zustand gepflegten Verfalls. In diesem Zustand befanden sich damals die

meisten solcher alten Herrensitze, denn Österreichs eingesessene Aristokratie, auch sein Finanz-Adel, war seit 1918 größtenteils verarmt. Zu dem reizvollen Schloß der uns gleichfalls befreundeten Grafen Uiberacker in Sighartstein, das wohl schon im frühen Mittelalter dort gestanden hatte, von sehr eigenartigen ruinenhaften Verliesen umgeben, war es von Henndorf aus nur ein Spaziergang von wenigen Stunden. Man hatte das Gefühl, man könne dort in den Berg gehen und darin verschwinden wie die Kinder von Hameln. Aus St. Wolfgang kam öfters Alexander Lernet-Holenia auf dem Fahrrad zu uns herüber, damals hatten die Dichter noch keine Autos, auch ich konnte mir erst nach dem ›Hauptmann von Köpenick‹ einen kleinen Ford leisten, und die Straßen im Salzkammergut, am Wolfgangsee, Mondsee, Fuschlsee entlang waren wenig belebt, vor allem nicht von Gesellschafts-Reise-Autobussen...
Nach Osten erstreckte sich das Netz unserer nachbarlichen Beziehungen bis zum Schloß Kammer am Attersee, dessen einen Flügel damals die schöne Eleonora von Mendelssohn mit ihrem Gatten Jessenski bewohnte (er saß so prachtvoll zu Pferde, ehemaliger k. und k. Husarenrittmeister, schlank und jugendlich, mit weißem Haar, in einer rotseidenen Reitbluse!), den anderen Flügel bewohnte Raimund von Hofmannsthal, ein Sohn des Dichters. Was sich dort bei nächtlichen Festen, nach einer Plättenfahrt mit Zitherspiel auf dem grundklaren See, alles zusammenfand – man könnte sagen: ganz Österreich und die halbe Welt. Dort lernten wir unsere holländischen Freunde Eep und Annie Roland-Holst kennen – eine traumhaft schöne Frau und begabte Zeichnerin –, die uns dann nach Rotterdam aufs Schiff brachten, als wir Europa verließen.

Eleonora, die etwas kurzsichtig war, mußte sich immer wieder einen Teil ihrer Gäste neu vorstellen lassen – was ihr, der Schauspielerin, besonders von Wiener Kritikern verübelt und bös angekreidet wurde. Auch begrüßte sie einmal den in voller Uniform mit Ordensschmuck erschienenen General des österreichischen Bundesheeres als Vorstand des einheimischen Feuerwehrvereins. Man traf dort die Brüder Ledebur, Friedrich und Eugen, der erstere, auch Frédéric genannt, mit seiner Riesengestalt, seinem markanten Kopf und seiner Jacke aus amerikanischem Bisonleder ein – auch der Größe nach – wahrer Gipfel für die flirtbedürftige Damen-Internationale der Festspielzeit, sein Bruder Eugen ein ingeniöser Tierzeichner, der ein entzückendes Hundebuch herausgebracht hatte und – mit Text von seinem Freund Ferdinand Czernin – ein recht maliziöses Bestiarium der Salzburger Saisongesellschaft. Grete Wiesenthal, die begnadete Tänzerin, sonst auf ›Gesellschaften‹ kaum anzutreffen und ihren eignen, erlesenen Freundeskreis pflegend, ließ sich dort zum beschwingtesten Walzer hinreißen. Der Attersee gehört schon zu Oberösterreich, und wir begegneten dort dem damals noch jungen Landeshauptmann Heinrich Gleißner aus Linz, der dann nach seiner Absetzung und vorübergehenden Inhaftierung durch die Nazis in Berlin ein enger Verbündeter deutscher Widerstandskreise war, später jedoch wieder Landeshauptmann von Oberösterreich wurde und es heute noch ist – eine Lebensfreundschaft entsprang dieser Begegnung.
Nie kam man von solchen Einladungen nach Haus, bevor der Morgen dämmerte. Überhaupt scheint es mir heute, als hätten die Salzburger Nächte, darin den Berliner Nachtsitzungen ähnlich, kein Ende gehabt: auch wenn es dort keine ›weißen Nächte‹ gibt, wie in Stock-

holm oder Oslo, so schienen sie doch von einer unermüdlichen Festlichkeit durchhellt und wandelten sich, ehe man's merkte, ins Tageslicht. Einem Empfang bei Max Reinhardt, in seinem prächtigen Schloß Leopoldskron, war fast immer ein beglückendes Kunstereignis vorausgegangen – eine Aufführung unter Bruno Walter oder Toscanini im Festspielhaus, ein Liederabend der Lotte Lehmann, eine Mozart-Serenade in der Salzburger Residenz oder auch eine Reinhardt-Premiere mit den besten Schauspielern seines Berliner und Wiener Ensembles –, die Künstler, Schriftsteller, Theaterleute trafen sich dort mit allen möglichen Trägern berühmter oder aristokratischer Namen; es wurde Mitternacht, bis man in den nur von Kerzen erleuchteten Sälen zu Tisch ging. Die Witze, die darüber erzählt wurden, sind weltbekannt, und trotzdem beruhten sie auf wahren Geschichten. Ich glaube, es war der Filmmagnat Louis B. Meyer aus Hollywood, der beim Anblick der tausend flimmernden Kerzen ganz erschreckt den Hausherrn fragte: »Kurzschluß, Mister Reinhardt?« Derselbe, so erzählte Max Reinhardt, saß ganz vernichtet, mit Schweißperlen auf der Stirn, neben ihm in einer Aufführung des ›Jedermann‹, der den Untertitel trägt: Ein Spiel vom Sterben des reichen Mannes. »Das kann man in Amerika nicht spielen«, sagte er dann, immer noch tief erschrocken, zu ihm, »dort gibt's zu viel reiche Männer.« Einem anderen Filmmagnaten aus Hollywood, der sich von den Namen der bei einem Souper anwesenden Erzherzöge, Fürsten, Grafen und Barone übermäßig beeindruckt zeigte, flüsterte der Dichter Franz Molnar, mit dessen geistvollen Bosheiten man Bände füllen könnte, ins Ohr, das seien in Wirklichkeit alles nur Statisten aus Reinhardts Theatern, auf ihre Aristokratenrolle eingedrillt, und die Fräcke und

Orden stammten aus dem Fundus. Worauf der Mächtige enttäuscht die ›gestellte‹ Party verließ. In Wahrheit ergab diese Mischung aus echten Künstlern und echten Aristokraten, die ja immer einen wesentlichen Anteil am kulturellen Leben ihrer Zeit bestritten hatten und durch die Snobs nur schwer ersetzbar sind, ein höchst ergötzliches Amalgam: bei Champagner und Kaviar, bei Rehrücken und Burgunder verstand sich der Revolutionär mit dem Monarchisten ausgezeichnet. Denn Politik wurde in dieser Welt einer letzten Verzauberung nicht großgeschrieben – obwohl oder weil jeder wußte, daß er ihrem Griff nach seinem Hals und seinem Leben nicht werde entgehen können. Es war ein wenig wie im Versailles vor den Tagen der Bastille – nur wacher, nur bewußter, nur geistig klarer und lichter, wie es einer musisch bestimmten Elite geziemt. Denn das war es, was in Salzburg damals den Ton angab und seinen Tagen und Nächten den einmaligen Reiz verlieh.
Immer wurde es zwei oder drei in der Frühe, bevor an der Freitreppe des Schlosses Leopoldskron die ersten Wagen vorfuhren, um die Gäste nach Haus oder in ihre Hotels zu bringen – in den zwanziger Jahren waren es oft noch prächtig bespannte Kutschen oder einfache Pferdedroschken –, aber dann kam das Schönste, die wahre Licht- oder auch Geisterstunde einer solchen Nacht. Während des allgemeinen, ziemlich chaotischen Aufbruchs mit endloser Verabschiedung fand Reinhardt Gelegenheit, dem einen oder anderen seines inneren Zirkels leise zu sagen: »Sie bleiben doch noch ein Stündchen«, oder »Ich erwarte sie noch in der Bibliothek«.
Diese Stunde, die sich manchmal bis um fünf oder sechs Uhr morgens ausdehnte, in dem kleinen, nur halb erhellten Raum über der barocken Galerie und der Treppe

zu dem schon verdunkelten Bibliotheksaal, bei altem Cognac und edlen Importen, gehörte dem Gespräch, der Anekdote, der Erzählung, der Improvisation, den inspirierten Einfällen, der Parodie, der kontemplativen Heiterkeit in einer ganz privaten, ganz persönlichen Sphäre, die durch das gemeinsame Medium, die Kunst, die Dichtung, das Theater bestimmt war. Reinhardt konnte Tränen lachen, wenn die Schauspieler ihre Garderobenwitze erzählten, oder aber mit einer ungeheuer wachen Intensität, die Zunge ins Backeninnere gestemmt, zuhören, wenn etwa der kleine, skurrile und weise Wladimir Sokoloff von seiner russischen Theaterjugend und von Stanislawski sprach, oder wenn auf seine Bitte ein Schauspieler etwas Ungewöhnliches rezitierte, ein Autor aus einer neuen Arbeit las. Diese produktive Kunst des Zuhörens, bei der einem viel mehr einfiel, als man selbst vorher gewußt hatte, war bei ihm einzigartig. Manchmal begann auch er von seinen Arbeitsplänen zu reden, und ich glaube, daß er oft in solchen späten Frühstunden entscheidende Ideen für seine Inszenierungen konzipierte. Schöne Frauen aber wurden in diesem Kreis wie Göttinnen gefeiert.
Auch der Maestro, wie man damals nur Toscanini nannte, war ein Langaufbleiber, wenn er eines seiner großen Konzerte oder eine Opernaufführung hinter sich hatte. Er war auch ein Nachtarbeiter; so erfuhr ich zum Beispiel, daß er in Amerika, als er sich entschloß, Gershwins ›Rhapsody in Blue‹ zu dirigieren, in einer Nacht die ganze Partitur ›auswendig gelernt‹ hatte und dann nie mehr hineinschaute. Um ihn scharte sich ein kleiner Kreis, gewöhnlich in einer der stilleren, aber unbegrenzt geöffneten Weinstuben. Er diskutierte dann, auf italienisch, englisch, französisch und in gebrochenem

Deutsch, mit unermüdlichem Temperament, und gegen Morgen mußten ihm, dem Siebziger, der womöglich um zehn schon wieder eine Probe hatte, seine total erschöpften jugendlichen Trabanten noch auf einem Spaziergang im Geschwindschritt an den Ufern der Salzach folgen.

Die letzten Morgenstunden vor der Heimfahrt – der erste Autobus nach Henndorf ging um halb acht – verbrachte man dann im Restaurant des Bahnhofs, das noch oder schon wieder offen war, bei Gulasch und Bier, und manchmal dehnte sich ein solches Frühstück – ich erinnere mich an ein besonders anregendes mit Remarque und Thornton Wilder im Sommer 1937 – bis zum Mittag aus. Manchmal auch wurde ich von einem oder einer Unermüdlichen nach Henndorf hinausbegleitet, wo man sofort durch den taufeuchten Wald zu meiner einsam gelegenen Badehütte hinunterging, um, vor dem Kaffee, in dem kühlen See zu schwimmen und zu tauchen.
Einige meiner persönlichen und literarischen Freunde, so Franz Theodor Csokor, Ödön von Horváth, Dr. Albrecht Joseph oder der Darmstädter Dichter Hans Schiebelhuth, lebten und arbeiteten wochen-, ja monatelang in unsrem kleinen Gästehäuschen oder im nahen Mayr-Wirtshaus. Manche Freundschaften schossen so plötzlich auf wie Raketen in einer Silvesternacht, aber sie platzten nicht, sondern schwebten dann jahrelang. Als Schaljapin zum erstenmal bei uns erschien, von seiner Tochter Marina hergebracht, kam er um fünf Uhr nachmittags zum Tee und blieb bis um zehn am nächsten Morgen. Tief in der Nacht begann er sogar zu singen, obwohl ihm das unter Rauchen und Alkohol streng verboten war, aber er sang trotzdem und ohne Selbstschonung – »Mais

Fedor«, mahnte seine Frau, »tu ne *dois* pas chanter maintenant!« – »Chérrie«, sagte er mit seinem rollenden russischen Akzent, »je chante pourr mes amis quand il me *faut* chanter!« – und wir glaubten, unser Dach müsse von der Gewalt seiner Stimme zusammenfallen. Unsere Töchter, damals noch zu frühem Schlafengehn verurteilt, schlichen sich in ihren Nachthemden auf die Treppe und hörten zu.

Eines besonderen Zusammentreffens muß ich gedenken, das – von heute aus gesehen – den dunkelsten Schatten der späteren Tragödie, aber auch den Glanz späterer Größe heraufbeschwört. Es war in unsrer Henndorfer Frühzeit, im Sommer 1927. Da begegneten sich in der ›Wiesmühl‹ zum erstenmal meine deutschen sozialistischen Freunde, Carlo Mierendorff und Theodor Haubach, auch der tapfere Schweizer Sozialist Joseph Halperin, mit einem jüngeren, erst kurz vorher durch die verehrte Lehrerin und Schuldirektorin meiner Frau, Dr. Eugenie Schwarzwald, zu uns gestoßenen Freund: dem Grafen Hellmuth James von Moltke. Moltke, seiner Tradition und Erziehung gemäß eher christlich-konservativ gebunden, war damals schon dem Sozialismus zugeneigt, während die deutschen Jung-Sozialisten sich lebhaft für die Gedankengänge und Konzepte der englischen Jung-Konservativen interessierten. Bei dieser Zusammenkunft, in den Gesprächen dieser Nacht, kündete sich bereits an, was später als ›Kreisauer Kreis‹ in die Geschichte des deutschen Widerstands gegen Hitler einging. Haubach und Moltke wurden Anfang 1945 gemeinsam von Hitlers ›Volksgerichtshof‹ zum Tod verurteilt und aufgehängt. Mierendorff fiel, nach fünfjähriger Leidenszeit in deutschen Konzentrationslagern, mitten in der Vorbereitung zur Erhebung gegen die Tyrannei, einer englischen Bombe zum Opfer. Ihre Lebensgeschichte wird zum Herzstück dieser Erzählung gehören.

Einmal, ein Jahr vor dem Ende Österreichs, erschien bei Reinhardt zu einer noch vorabendlichen Stunde ein reizender Herr in der Salzburger Landestracht, der sich als Baron Trapp einführte, mit seiner Frau, einem Orgelpfeifenarsenal von Kindern und einem dirigierenden Hauskaplan: was und wie da gesungen wurde, weiß heute die Welt. Damals, vor der Austreibung, war das noch ein rein innersalzburgisches Privatereignis – wie so vieles, wie so viel Ungewöhnliches und Inspiriertes in dieser Zeit.

War die ›Saison‹ vorüber, die eleganten Autos mit den ausländischen Nummern und das verwirrende Sprachengemisch von der Staatsbrücke verschwunden, dann kamen auch die Standnister und Bodenbrüter, die einheimischen Salzburger wieder hervor, die man vor lauter ›Persönlichkeiten‹ gar nicht mehr gesehen hatte, bevölkerten die Märkte, Gassen und Wirtshäuser und unterhielten sich in ihrer eigenen Melodie. Diese Zeit war eigentlich die schönste in der Kleinstadt und auf dem Land. Im Frühling fauchten und knurrten die Spielhähne im Seekirchner Moos, im Herbst war Rebhuhn- und Fasanenjagd, im Winter konnte man auf Skiern, ohne Seilbahn, Lift und Pistengewimmel, durch ungespurten Schnee gleiten – und fast an jedem Tag ging die Arbeit weiter; denn die langen Nächte und geselligen Tage, von denen hier erzählt wurde, waren ja nur die Ausnahmen. Man lebte, man dankte Gott, daß man lebte und daß es das Leben gab und die Kunst.

War dies unser Goldenes Zeitalter, war es ›besonnte

Vergangenheit‹? Ich glaube, so etwas gibt es gar nicht. Man kann zwar einen Augenblick im Paradiese leben, aber niemals aus seiner Zeit heraus. Alle Vorboten des kommenden Unheils gingen in dieser Gnadenfrist schon um, alle Problematik und alle Konflikte einer nahen Auflösung, Umschichtung, Weltwandlung waren in uns schon wirksam. Und vielleicht blieben uns nur deshalb diese Jahre so traumhaft lebendig. Als Max Reinhardt, am 9. September 1933, seinen sechzigsten Geburtstag feierte – er beging den Tag sehr still mit seiner Gattin Helene Thimig in den Bergen –, hatte er schon sein ›Deutsches Theater‹ in Berlin verloren und wurde dort von der gleichgeschalteten Presse als ›der Jude Goldmann‹ verhöhnt. Die großen Dirigenten wie Bruno Walter, Otto Klemperer, auch der Feuerkopf Toscanini, der nach einem skandalösen Vorfall sogar seine Heimat, das faschistische Italien, mied, konnten oder wollten nicht mehr nach Deutschland.

Und doch ging das Salzburger Zauberspiel noch weiter – ein halbes Jahrzehnt. Ich hörte Reinhardt einmal zu später Stunde, fast genußvoll, sagen: »Das Schönste an diesen Festspielsommern ist es, daß jeder der letzte sein kann.« Und er fügte nach einer Pause hinzu: »Man spürt den Geschmack der Vergänglichkeit auf der Zunge.«

Spät im Herbst des Jahres 1937 wurde bei Eleonora von Mendelssohn und Jessenski auf Schloß Kammer ein stiller Abend für eine kleinere Gesellschaft veranstaltet, bei der der wundervolle Geiger Arnold Rosé mit seinem Wiener Streichquartett musizierte. Zum Abschluß spielten sie aus dem Kaiser-Quartett von Haydn jenen Satz, der die Melodie der österreichischen Kaiserhymne schuf, welche dann auch die des Deutschlandliedes wurde.

Die Wiener Künstler spielten das so, wie es von Haydn

gemeint war, als eine schlichte, fromme Melodie – fast ein Gebet. Den meisten Zuhörern traten die Tränen in die Augen. Und ein halbes Jahr später waren die meisten, von denen hier die Rede war, in alle Winde zerstreut.

Wie und wieso es zum Ende Österreichs kam, kann man heute in jedem Schulbuch lesen. Bei seinem Verhandlungsversuch auf dem Obersalzberg waren dem Kanzler Schuschnigg von Hitler Bedingungen gestellt worden, die einer Kapitulation gleichkamen. Schuschnigg rief daraufhin zu einem Volksentscheid auf, durch den die Österreicher selbst bestimmen sollten, ob sie den Anschluß an das nationalsozialistische Deutschland wünschten oder die Unabhängigkeit. Diese Wahl war für Sonntag, den 13. März 1938 angesetzt. Trotz der gewaltigen Nazipropaganda und der Unzufriedenheit vieler Kreise mit den bestehenden Verhältnissen war es ziemlich gewiß, auch für Hitler, daß das Wahlergebnis eine klare Mehrheit für das unabhängige Österreich ergeben und damit die westlichen ›Garantiemächte‹ auf den Plan rufen würde. Daher ließ er es nicht dazu kommen. Am 11. März überschritten deutsche Truppen die österreichische Grenze, gleichzeitig wurde in einer wohlvorbereiteten, verräterischen Aktion die Wiener Regierung gestürzt und, ebenso wie alle zuverlässigen Behörden im Land, verhaftet. Soweit die Tatsachen.
Aber wie das in der Wirklichkeit, das heißt: in den gelebten Träumen, die man so nennt, ausschaute und vor sich ging, das wissen nur wir, die dabei waren.
Eine Reihe von Zeichen ging der Katastrophe voraus. Einige Wochen vorher erschien ein Nordlicht über ganz Österreich. Nordlichter sind in diesem Teil der Welt

ungemein selten, die meisten Leute kennen sie nur vom Hörensagen. Man behauptete, seit dem Jahr 1866, in dem die Österreicher von den Preußen besiegt wurden, hätte sich keins mehr gezeigt. Dieses – im Januar 1938 – flammte so stark und flackerte so grell, daß es aussah wie eine mächtige Feuersbrunst. Es erschien um Mitternacht, und in Henndorf rückte die Feuerwehr aus, weil man ernstlich glaubte, es brenne im nächsten Ort.
Um die gleiche Zeit wurde in Wien der ›Pestvogel‹ gesehen, sein Auftauchen sogar von Ornithologen bestätigt: eine albinohafte Spielart des Sperlings, mit seltsamen fahlen Tupfen und Flecken im Gefieder. Angeblich soll er sich nur vor großen Seuchen oder vor einem Kriegsausbruch zeigen.
Das Wetter in dieser Zeit war ebenso ungewöhnlich. Wochenlang fiel weder Schnee noch Regen, der Himmel strahlte tagaus, tagein, man konnte mitten im Winter auf der nackten Grasnarbe in der Sonne liegen, und die Sonne brannte sommerlich in diesem unheilvollen März, so daß alle Vegetation, Obst, Wein, Fliedergesträuch, um Wochen verfrüht zu knospen und blühen begann. Später, in einem rauhen Mai, schoß der Frost mit schwerem Geschütz und schlug die ganze Pracht unbarmherzig zusammen.
Die Atmosphäre in Wien war sehr merkwürdig in diesen Vorfrühlingstagen. Äußerlich hatte sie etwas von einem Fastnachtstreiben. Denn die Leitung der Nazipartei hatte von Deutschland aus einen unerhört raffinierten Befehl erhalten: Kinder auf die Straße! Erwachsene bleiben daheim. So füllten sich in diesen letzten Tagen des damaligen Österreich, in denen schon die deutschen Einmarschtruppen an der Grenze zusammengezogen wurden, die Straßen Wiens mit immer größeren Scharen von

Jugendlichen aller Altersstufen, die Hakenkreuzfähnchen trugen, »Heil Hitler« riefen und in dichten Gruppen und Verbänden die Hauptverkehrsadern der Stadt blockierten. Die Polizei war hilflos – ein für die Polizei in solchen Situationen vermutlich willkommener Zustand. Sie stand mit scharfer Waffe und durfte sie nicht gebrauchen. Man konnte ja die neue ›Sozialversöhnung‹, wie sie die Regierung proklamiert hatte, nicht damit beginnen, daß man auf Kinder schoß. Und man wußte sehr wohl: ein toter Zwölfjähriger auf einer Wiener Straße wäre der willkommene Anlaß für Berlin, um ›Ordnung zu schaffen‹, wie man heute noch sagt, wenn eine Großmacht ein schwächeres Land verschlucken möchte. Ganz friedlich ging es auch unter den Kindern nicht zu. »Dein Vater war gestern noch a Schuschnigg, meiner war immer a Hitler!« – »A wos! Z'Neujahr war deiner noch a rotzerter Starhemberg!« – »Un dem seiner war damals bei die Rot'n!« – Schon rollten sich ein paar mitsamt ihren Fähnchen im Rinnstein, ein würdiges Spiegelbild ihrer Eltern und Erzieher. Sonst geschah nichts, die Kinder zogen herum und schrien, die Erwachsenen standen schweigend da, teils belustigt, teils erbittert, teils in hämischer Erwartung.
Eine ähnliche Zerfallserscheinung, in Wahrheit ein geplanter Trick der Umstürzler, war das maßlose Anschwellen der Bettlerscharen, die – in kleinerem Ausmaß – schon vorher in der Hauptstadt ein Problem waren. Jetzt bekamen sie, wie man später erfuhr, von der illegalen Partei ein Tagesgeld, wenn sie in möglichst jammervollem und zerlumptem Zustand besonders die noble, von Ausländern bevorzugte Innenstadt, den ersten Bezirk zwischen Ring, Kärntner Straße, Stephansplatz, Graben, Kohlmarkt, massenweise bevölkerten und

die Passanten beunruhigten. Offenbar hatten die Nazis etwas aus der ›Dreigroschenoper‹ gelernt.
Dabei gab es wohl immer noch eine gewisse Mehrheit in der Stadt, die an den Wahlsieg Schuschniggs und damit eine Sicherung gegen Hitler glaubte: man rechnete mit Mussolini, der schon einmal, im Jahr 1934, Österreich gerettet hatte, jetzt aber bereits ein Gefangener der aufschwellenden deutschen Militärmacht war. Frankreich hatte, nach einer Krise der ›Front Populaire‹, damals keine Regierung. England hatte eine, die aber Hitler gegenüber das übte, was man als staatsmännische Klugheit bezeichnet. Darüber gab man sich keine Rechenschaft. Auch wir gehörten zu den Gutgläubigen, ja wir hielten es für unsere Pflicht, in diesem Augenblick weder zu zweifeln noch davonzurennen, und ich war darin so weit gegangen, daß ich alles Geld, das ich für Filmszenarios in England verdiente, auf die österreichische Nationalbank hatte überweisen lassen. Denn, so sagte ich mir, wenn man den Bestand eines wirtschaftlich kämpfenden Staates wünscht und für sich selbst darauf hofft, kann man ihm sein Geld nicht durch Sicherung im Ausland entziehen. Jeder gewiegte Dialektiker würde mich auslachen – und doch hätte er unrecht. Ich erzähle auch diese Geschichten nicht als Warnung oder Lehre: noch nie haben Menschen etwas aus den Erfahrungen anderer gelernt, schon gar nicht aus denen früherer Generationen. Ich erzähle sie nur, um im Niederschlag oder in der Spiegelung etwas darzustellen, das man nicht festhalten kann, da es fließt und flieht: Leben.
Etwa drei Wochen vor dem Ende hatte mir die Regierung Schuschnigg die österreichische Bürgerschaft verliehen, und wir feierten diesen Anlaß noch in dem schönen Haus Mahler-Werfel auf der Hohen Warte, in dem damals die

Spitzen des Staates verkehrten; es waren unter diesen einige Persönlichkeiten von besonderem Rang, wie die Minister Pernter und von Hammerstein-Equordt, vor allem unser lieber Freund Guido Zernatto, ein in die Politik verschlagener Lyriker, der dann viel zu früh in New York – man kann hier fast sagen: an gebrochenem Herzen – gestorben ist. Den mit der Einbürgerung verbundenen neuen Paß allerdings hätte ich erst später erheben können, denn er lag auf dem Polizeipräsidium in Salzburg, wo ich zuständig war, und ich hatte mit der Vorbereitung einer Theaterpremiere in Wien zu tun. Das war vermutlich, wie spätere Ereignisse zeigen werden, mein Glück. Übrigens lag dieser Paß nach dem Krieg und dem Zusammenbruch immer noch auf dem Salzburger Polizeipräsidium, mit dem von der Gestapo angehefteten Vermerk: bei Erhebung sofort zu verhaften. Diese Herrn waren offenbar so naiv zu glauben, daß ich es auch nach dem Anschluß noch für ratsam gehalten hätte, Bürger Österreichs zu werden, was es de facto gar nicht mehr gab.

In diesen Tagen begegnete ich gegen Mittag auf der Kärntner Straße unserem Freund Egon Friedell, dem Kulturphilosophen, der nebenbei auch Schauspieler war, und zwar bestand darin, obwohl er es selbst ironisierte und sich übers Theater lustig machte, sein besonderer Ehrgeiz, wohl auch ein Teil seines Lebensunterhaltes – denn seine ›Kulturgeschichte der Neuzeit‹, ein heute wieder viel beachtetes Werk, brachte ihm zu seinen Lebzeiten vermutlich mehr Bewunderung als Tantiemen. Er lebte in seiner Wiener Wohnung allein mit einer Haushälterin und einem kleinen Hund unbestimmbarer Rasse, von ihm mit ›Herr Schnack‹ und immer per Sie angeredet, der darauf dressiert war, Zeitungen mit törichten Artikeln oder gar ärgerlichen Kritiken in kleine Fetzen zu zerreißen. Für seinen originellen, charmant boshaften, aber niemals billigen Witz wurde er ebenso geschätzt und bewundert wie für seinen universalen Geist. Es gab auch damals schon wenige Personen, heute sind es noch weniger, die auf umfassende Bildung Anspruch erheben durften. Egon gehörte zu diesen, und er verbarg es, da ihm alles Professorale zuwider war, hinter einem souveränen Humor. Die ›Grotesken‹, die er zum Teil gemeinsam mit Alfred Polgar verfaßte, ich nenne nur den bekannten ›Goethe im Examen‹, aber auch die von beiden gelegentlich herausgegebenen Wiener Faschingszeitungen, wurden wohl noch kaum von einem heutigen Satiriker oder Kabarettisten übertroffen, besonders in der Leichtigkeit und Eleganz des Ausdrucks. Er war ein dicker, breitschultriger Mann mit einem mächtigen Kopf, Stirn und Nase gingen ineinander über wie auf Cäsaren- oder Feldherrnporträts antiker Münzen, seine Lippen über dem starken Kinn wirkten weich, wenn auch sarkastisch, und um Augen und Mund lag immer ein Zug von Verspieltheit. Er selbst glaubte auszusehen wie Ludwig der Fünfzehnte, den er auch gern imitierte, aber für mein Gefühl glich er mehr einem der Enzyklopädisten. Ich kannte ihn seit meiner ersten Zeit im Berliner ›Deutschen Theater‹, und mit meiner Frau verband ihn, von ihren Jugendjahren im Hause Schwarzwald her, eine besondere Art von Freundschaft: kaum trafen sie irgendwo zusammen, so begannen sie Stücke aufzuführen – nämlich irgendeinen komisch-trivialen Anlaß, das Zuspätkommen eines Gastes oder das Anbrennen einer Suppe, im Stil und in der Sprache eines allbekannten oder auch eines für unser Gefühl abgeschmackten Dramatikers abzuhandeln, und sie verständigten sich darüber nur mit einem Stichwort: heute Grillparzer. Oder Ibsen. Oder Schönherr. Oder Sudermann. Oder Strindberg. Oder einen Pariser Boulevardkomödienschreiber. Sie spielten auch im Moment ausgedachte Szenen, Situationen, einen Ehekrach, eine Kindesverstoßung oder dergleichen, auf dieselbe Art. Diese Improvisationen, an denen ich mich manchmal als Charge zu beteiligen versuchte, waren ebenso amüsant wie anspruchsvoll. Wen er mochte, konnte sich mit ihm aufs köstlichste unterhalten, wen er nicht mochte, hatte es schwer mit ihm, denn er konnte, irgendeiner Dummheit oder Platitüde wegen, aggressiv und zornig werden, manchmal sogar unleidlich, wenn er gesoffen hatte. Denn er soff. Das Wort ›trinken‹ wäre dafür eine Verharmlosung. Es wäre auch eine unerlaubte Distanzlosigkeit, das irgendwie humorvoll oder psychologisch erklären zu wollen. Er tat es, und es ging nur ihn selbst an. Von Zeit zu Zeit schüttete er unwahrscheinliche Mengen eines möglichst starken Getränkes in sich hinein, ohne Rücksicht auf seine oft angegriffene Gesundheit, welches war ihm egal, am liebsten hochprozentigen Schnaps, und das führte manchmal zu einer luziden Helligkeit und Wachheit des Bewußtseins, manchmal zu totaler Betäubung.

An diesem Tag im frühen März 1938 hielt er mich auf der Straße an; er hatte gehört, daß im Theater in der Josefstadt von mir ein neues Stück, der ›Bellman‹, uraufgeführt werden sollte, und interessierte sich für eine Rolle darin. Ich wurde daheim zum Mittagessen erwartet und wollte ihn mitnehmen, aber vergebens, denn er gehörte zu jenen Trinkern, die nicht mehr essen. Er lockte mich in die nahegelegene und von Künstlern viel besuchte ›Reiß-Bar‹ am Neuen Markt – nur für einen Schluck, wie er sagte. Nach zwei Stunden und entsprechend vielen Schlucken rief ich zu Hause an, um zu sagen, daß ich zu dem längst wieder abgetragenen Mittagsmahl etwas später käme. Man hatte mich schon lang nicht mehr erwartet, und so blieb ich dann mit ihm sitzen. An diesem Nachmittag ergab sich, aus einer zunächst heiter und witzig angelaufenen Unterhaltung, ein für mich unvergeßlich erschütterndes Gespräch. »Was tust du«, fragte er mich plötzlich, mitten aus einer Paraphrase über Reinhardts Theater heraus, »wenn die Nazis kommen?« – »Sie kommen nicht.« – »Und wenn sie doch kommen?« – »Dann«, sagte ich, »wird wohl nichts anderes übrigbleiben, als über die Grenze zu gehn.« – Er schüttelte den Kopf. »Ich gehe nicht«, sagte er störrisch und verzagt zugleich, »was soll ich in einem anderen Land? Da bin ich doch nur ein Schnorrer und eine lächerliche Figur.« Und dann beugte er sich – wie in einer Art von Beichtbedürfnis – nah zu mir und vertraute mir, unter dem Siegel einer Verschwiegenheit, die heute Sinn und Gültigkeit verloren hat, etwas an, was er wohl sonst allein mit sich herumtrug. Man hatte ihm, dem Juden, dessen Werke aber in Deutschland als antimaterialistisch, also auch antimarxistisch, aufgefaßt wurden und daher nicht verboten waren, von dort aus für den Fall der kommenden Gleichschaltung eine ›Sonderbehandlung‹ angeboten und zugesagt – er hatte drüben hohe Gönner und Verehrer, die bei den führenden Gewalthabern gehört wurden. »Ich könnte«, sagte er mehrere Male, »ich könnte zurückgezogen und unbehelligt leben und arbeiten, hat man mich wissen lassen. Allerdings nicht mehr in Wien. – Aber ob ich das kann« – auch das wiederholte er einige Male –, »ob ich das kann, das weiß ich nicht.« Ein unbeschreiblicher Zug von stoischer Tragik war dabei in

seinem Gesicht. Dann bat er mich, das zu vergessen, bestellte neuen Schnaps und wechselte das Thema. Am späteren Nachmittag stieß meine Frau zu uns und gegen Abend Alma Werfel mit Anna, ihrer Tochter von Gustav Mahler, einer begabten Bildhauerin.
Wir saßen bis spät in die Nacht. Als wir gingen, betrug die Rechnung für ihn und mich (ich habe sie aufbewahrt) 38 Glas Barack – ein ungarischer Schnaps – und 26 kleine Pilsner. Aber ein lustiger Abend, wie Alma Mahler in ihrem Buch sich erinnern zu dürfen glaubt, war das nicht gewesen. Zehn Tage nach der Besetzung Österreichs, wir erfuhren es erst in der Schweiz, sprang er aus dem Fenster seiner Wohnung, als zwei SA-Leute, die gar nicht zu ihm gewollt hatten, das Haus betraten, und starb auf dem Straßenpflaster.

In der Nacht vor dem 11. März kam ein sehr heftiger Südwind auf, ein Föhnsturm, heiß und trocken, als wehe er von der Wüste. Er wehte, bei wolkenlosem Himmel, den ganzen nächsten Tag und trieb die unzähligen Flugblätter, die zur Wahl aufforderten, wie welkes Laub durch die Straßen. Überall wirbelte Papier. Gebündelt, zerknüllt, glatt oder in Fetzen – die ganze Stadt war von Papier durchfegt. Es fiel wie verschmutzter Schnee von den Lastwagen, auf denen Arbeitergruppen aus Wiener Neustadt langsam durch die Stadt rollten, um in unsicheren Sprechchören gegen Hitler und für die Regierung zu demonstrieren. Es war bekanntgeworden, daß auch die sozialistische Arbeiterschaft bereit war, für Schuschnigg und Österreich zu stimmen, obwohl sie den blutigen Februar von 1934 noch nicht vergessen hatte. Aber Schuschnigg suchte Versöhnung, hatte politische Freiheit versprochen, und alles schien besser als Hitler. »Rot-Weiß-

Rot – Bis in den Tod!« Häuserecken und Trottoirs wurden mit der österreichischen Devise bemalt. In den Wirtshäusern wurde debattiert oder gestritten. Eine fiebrige Erregung verbreitete sich in der papierdurchflatterten Stadt.

Am Vormittag dieses 11. März erlebte ich etwas, das nichts mit der Politik zu tun hatte, desto mehr mit der Phantasie, und in der Erinnerung tragikomisch wirkt. Es war die erste Arrangierprobe meines neuen Stückes, das mit Wiens besten Schauspielern, Paula Wessely, Attila Hörbiger, Anton Edthofer, unter der Regie von Ernst Lothar, in Szene gehen sollte. Und so geschah es, am Morgen des Katastrophentags, daß im Dämmer eines schwach beleuchteten Bühnenhauses eine Handvoll Menschen die Welt draußen, die Lage, die Gefahr, die Krise, von der unser aller Schicksal abhing, völlig vergaß und für ein paar Stunden ganz und gar jenem unwiderstehlichen Zauber erlag, den das Theater ausübt; daß über Striche, Stellungen, Änderungen diskutiert und gekämpft wurde, als gäbe es nichts Wichtigeres, nichts Bedeutsameres auf der Welt. Als wir am Nachmittag das Theater verließen und aus seinem künstlichen Licht unter den grellen, immer noch strahlenden, immer noch von Papier durchwirbelten Frühlingshimmel traten, war alles vorbei. Zwei Stunden später, als die Sonne sank, sprach Schuschnigg seine letzte Botschaft ins Radio: »Ich weiche der Gewalt. Gott schütze Österreich!« Er stand, wie man später erfuhr, bereits zwischen zwei mit Hakenkreuzbinde gezierten Wachleuten seiner eigenen Leibgarde, die ihn dann in Haft nahmen.

An diesem Abend brach die Hölle los. Die Unterwelt hatte ihre Pforten aufgetan und ihre niedrigsten, scheußlichsten, unreinsten Geister losgelassen. Die Stadt verwandelte sich in ein Alptraumgemälde des Hieronymus Bosch: Lemuren und Halbdämonen schienen aus Schmutzeiern gekrochen und aus versumpften Erdlöchern gestiegen. Die Luft war von einem unablässig gellenden, wüsten, hysterischen Gekreische erfüllt, aus Männer- und Weiberkehlen, das tage- und nächtelang weiterschrillte. Und alle Menschen verloren ihr Gesicht, glichen verzerrten Fratzen: die einen in Angst, die andren in Lüge, die andren in wildem, haßerfülltem Triumph. Ich hatte in meinem Leben einiges an menschlicher Entfesselung, Entsetzen oder Panik gesehen. Ich habe im Ersten Weltkrieg ein Dutzend Schlachten mitgemacht, das Trommelfeuer, den Gastod, die Sturmangriffe. Ich hatte die Unruhen der Nachkriegszeit miterlebt, die Niederschlagung von Aufständen, Straßenkämpfe, Saalschlachten. Ich war beim Münchener ›Hitler-Putsch‹ von 1923 mitten unter den Leuten auf der Straße. Ich erlebte die erste Zeit der Naziherrschaft in Berlin. Nichts davon war mit diesen Tagen in Wien zu vergleichen. Was hier entfesselt wurde, hatte mit der ›Machtergreifung‹ in Deutschland, die nach außen hin scheinbar legal vor sich ging und von einem Teil der Bevölkerung mit Befremden, mit Skepsis oder mit einem ahnungslosen, nationalen Idealismus aufgenommen wurde, nichts mehr zu tun. Was hier entfesselt wurde, war der Aufstand des Neids, der Mißgunst, der Verbitterung, der blinden böswilligen Rachsucht – und alle anderen Stimmen waren zum Schweigen verurteilt. Revolution wird wohl immer grauenvoll sein, doch mag das Grauen ertragen, verstanden, überwunden werden, wenn es aus einer echten Not geboren wurde, wenn es Überzeugung und Geist war, vom Geiste kam, was die Materie zum Aufruhr trieb. Hier war nichts losgelassen

als die dumpfe Masse, die blinde Zerstörungswut, und ihr Haß richtete sich gegen alles durch Natur oder Geist Veredelte. Es war ein Hexensabbat des Pöbels und ein Begräbnis aller menschlichen Würde.
Merkwürdigerweise – ich kann das heute noch schwer erklären, aber der Wahrheit gemäß, ohne Gedächtnisfälschung, bezeugen – empfand ich in diesen Stunden und Tagen keine Angst. Sondern nichts als Zorn, Abscheu, Verzweiflung und eine völlige Gleichgültigkeit gegenüber dem eigenen Leben. Und ich hatte die Angst des einzelnen vor einer Mehrheit Andersgesinnter, vor einer fanatisierten Masse, bei früheren Gelegenheiten wohl kennengelernt: bei einer Nazi-Wahlversammlung im Berliner Sportpalast 1932, bei der ich erkannt und beschimpft wurde und mit ein paar Freunden nur mit knapper Not der Verfolgung entkam. Mehr noch, als ich, von Henndorf aus, schon während der Hitlerherrschaft zu einer Wahl über die Grenze nach Freilassing fuhr, um gegen Hitler zu stimmen – völlig sinnlos, denn die ganze Wahl war eine Farce; ich war damals nicht bedroht, sondern in einer Gruppe von ›Auslandsdeutschen‹ unbehelligt und anonym, aber als ich allein in der Wahlzelle stand und auf meinem Zettel das Ja auskreuzte und das Nein unterstrich, lief mir der kalte Angstschweiß herunter – mir war, als ob ich von einem unsichtbaren Auge beobachtet sei und jeder mir draußen ansehen müsse, was ich getan hatte, obwohl Orwells ›1984‹ damals noch lange nicht geschrieben war.
Jetzt war ich von einer Kälte erfüllt, die die natürliche Empfindung der Furcht völlig auslöschte: etwas in mir, das sonst zum menschlichen Wesen gehört, war erstarrt oder erstorben. Ich habe einen solchen Zustand von

unbeteiligter Fremdheit und Verachtung niemals vorher oder nachher erlebt. Anders erging es meinem Freund Dr. Franz Horch, Dramaturg bei Reinhardt und Lektor des Zsolnay-Verlags, der an diesem Abend mit mir im Taxi durch die Stadt fuhr, da wir uns mit einigen Schicksalsgenossen in einer neutralen Wohnung verabredet hatten, um die Lage zu besprechen. Er war ein nervenschwacher Mensch, zitterte am ganzen Leib und mußte dauernd die Tränen unterdrücken. Nun war es in jener Stunde kein Vergnügen, mit einem Taxi durch Wien zu fahren. Die Straßen waren derart von brüllenden und tobenden Menschen überfüllt, daß man kaum weiterkam und an manchen Plätzen, zum Beispiel der ›Sirk-Ecke‹ bei der Oper, einfach in der Menge steckenblieb. Dann drängten sich wüste Kerle, typische Schlägergestalten, an die Fenster des Mietwagens und starrten bösartig hinein. Sie witterten in jedem Taxi bereits einen Flüchtling oder einen ›Aussauger‹. »Im Taxi fahrn – dös san polnische Juden – holts'es raus – schlagts'es zsamm'!« Ich drehte, während meinem Freund vor Angst fast übel wurde, die Glasscheibe herunter und stieß meinen Arm, mit erhobener Hand, ruckartig heraus, den Kerlen fast ins Gesicht, dazu brüllte ich etwas, das wie »Hei'tler!« klang, und zwar mit scharfem, reichsdeutschem Akzent, wie ein Oberfeldwebel vor der Truppe. Ich hatte bereits herausgespürt, daß das die einzige wirksame Methode war. So kamen wir schließlich zu jener Wohnung. Dort saß schon ein Häuflein beisammen, fast alle, seit einer Stunde, verlorene Existenzen, und wie oft habe ich noch in der Emigration dieses Zusammenhocken der vom bösen Wind Verschlagenen erlebt, wie Schiffbrüchige auf einem Wrack oder einer Klippe. Ödön von Horváth war dabei, Franz Theodor Csokor, unser Freund Albrecht

Joseph, auch Alexander Lernet-Holenia, der – ohne selbst direkt bedroht zu sein – sich uns zugehörig fühlte. Sehr bald gewann eine Art von Galgenhumor die Oberhand. Es ging zwar ums Leben oder um die Frage, wie man es retten könnte, aber diese letzte Gemeinsamkeit ließ uns mit einigem Witz und Anstand darüber wegjonglieren. Csokor plädierte für eine Flucht nach Osten: die Westgrenzen würden bestimmt viel schärfer bewacht. Er trat sie dann auch an, und sie ging immer weiter, bis er über Polen, Ungarn, Rumänien, Belgrad und jugoslawische Partisanenverstecke gegen Ende des Krieges bei den Amerikanern in Italien landete. Auch Horváth wollte zuerst nach Budapest, wohin er als gebürtiger Ungar ohne besonderes Aufsehen gelangen konnte, und von dort hatte er immer noch die Flugverbindungen nach den westlichen Hauptstädten. Joseph zunächst nach Südtirol, wo bereits seine Mutter lebte, ihm schien, wie vielen, und zwar mit Recht, die italienische Grenze die sicherste zu sein. Für Lernet-Holenia blieb gar nichts anderes übrig, als hier zu bleiben, aber er betrauerte schmerzlich nicht nur den Verlust seiner liebsten Freunde und den schmählichen Untergang seines Landes, sondern auch die bevorstehende Abwanderung der jüdischen Frauen und Mädchen, die er für die einzig begehrenswerten hielt. Er mußte umlernen.
Mir selbst war noch ungewiß, was ich tun sollte. Als wir uns trennten, hatten wir alle das Gefühl: für immer. Und doch haben sich fast alle der hier Erwähnten später wiedergesehen.

Einige meiner Freunde fuhren noch in derselben Nacht. Das war auch klüger, denn die Grenzsperre setzte erst in den nächsten Tagen ein. Ich wollte nicht. Vielleicht war es eine Art von Lähmung, von Trotz oder Scham – auch dies vermutlich eine Form des Nervenschocks. Ich erklärte plötzlich meiner Frau, daß ich nicht daran dächte, zu emigrieren. »Ich steige in keinen Flüchtlingszug.« Ich redete das sinnloseste Zeug zusammen, das sich in einer solchen Situation erdenken läßt. Ich hätte ein Anrecht auf meine Heimat. Ich hätte ja ›nichts getan‹ (was ich doch getan hatte, meine Berliner Rede gegen Goebbels und meine damalige Zugehörigkeit zur ›Eisernen Front‹, der Abwehrformation gegen die Nazis, schien ich verdrängt zu haben), ich hätte ›nichts verbrochen‹, was eine Verfolgung berechtigte. Dabei war das Recht schon über alle Berge. Und die Verfolgung geschah blindwütig, barbarisch, wenn auch unter dem Deckmantel von ›Ordnung und Disziplin‹. Es war gar nicht nötig, daß man etwas gegen die Gewaltherrscher, es genügte schon, wenn man nichts für sie getan hatte. Über die politischen und rassischen Prinzipien hinaus genügte es, daß man ihnen nicht paßte. Daß man anders roch als sie. Und in diesem Augenblick war man vogelfrei, das heißt einer Vernichtung ausgesetzt, welche viel schlimmer ist als die des Todes. Die Angst, mit der die Diktatur ihre Untertanen in Schach hält, ist ja keineswegs die Todesangst. Ein Mensch, der in einer Zeit des Umsturzes dagegen ist, muß damit rechnen, getötet zu werden, und das wäre für mein Gefühl nicht das Schlimmste gewesen, wenn alles, was man für menschenwürdig hielt, um einen her zum Teufel ging. Aber körperlich und seelisch zerschlagen zu werden, niedergetreten, zerbrochen, durch Demütigung und Folter verkrüppelt, und so weiterleben zu müssen, als Sklave, ohne Identität, zum Weiterleben gezwungen zu sein, in seiner qualvollsten und hoffnungslosesten Form, unabsehbar und ohne Aussicht auf Erlösung, um dann schließlich doch, elender als ein Tier im Schlachthof, zu krepieren – das war der eigentliche Schrecken, der uns bevorstand und den das Regime verbreitete. Ich erwähne das für solche, die diese Zeit nicht erlebt haben oder – und auch das scheint es zu geben – sich nicht mehr daran erinnern. Auch für die Bewohner anderer Länder, besonders der westlichen Zivilisationen, überstieg das damals die Grenzen der Vorstellungskraft. Es überstieg in diesem Augenblick der Verwirrung vielleicht auch meine eigene, obwohl ich genug davon wußte.

Aber ich hatte noch einen anderen Wahnsinn im Kopf. Ich wollte nach Henndorf zurück, in mein Haus. Dort lag in einer Schublade ein alter Armeerevolver aus dem Ersten Weltkrieg und etwas Munition. »Wenn sie mich holen wollen«, sagte ich, »dann müssen einige mitgehen, vorher.« Meine Frau war verzweifelt. Sie wußte, daß ich in diesem Zustand temporären Irreseins zu derartigem fähig gewesen wäre, mit andern Worten, zu einer Form von Selbstmord. Sie war entschlossen, alles daranzusetzen, um mich zur Flucht zu bewegen. Wäre es ihr nicht schließlich gelungen, so wäre ich heut nicht mehr am Leben.

Die nächsten Tage, vom 12. bis zum 15. März, an dem ich über die Grenze ging, waren von einer solchen Spannung erfüllt, daß sich das im Rückblick wie zu einem Aktschluß zusammendrängt.

Am Samstag, den 12. März, um die Mittagsstunde, wurde ich von Emil Jannings angerufen, der sich zu einem Erholungsaufenthalt im Wiener Cottage-Sanatorium befand. Wir hatten in der letzten Zeit, seiner Kompromisse mit den Machthabern wegen, gewisse Differenzen. Jetzt war er in ernster, ehrlicher Besorgnis um mich

und bat mich, ihn gleich zu besuchen, um zu beraten, wie er mir helfen könne. Da er ›an höchster Stelle‹ großes Ansehen genoß, glaubte er, dazu fähig zu sein. Das Gefühl der Freundschaft war in diesem Augenblick stärker als alle Gegensätze. Er sah meinen Konflikt: wie sich alles in mir gegen die Flucht wehrte, wie aber alle Logik und die sich überstürzenden Ereignisse dafür sprachen. In meiner Gegenwart rief er die deutsche Botschaft in Wien an, deren Chef damals noch jener zwielichtige Herr von Papen war, um zu erkunden, wie man dort die Lage beurteile: ob einem Mann wie mir unmittelbare Gefahr drohe oder nicht.
Und nun kam eines der sonderbarsten, absurdesten Gespräche in dieser absurden Zeit. Natürlich kannte man mich auf der deutschen Botschaft. Auch den Botschafter hatte ich da und dort bei offiziellen Anlässen in Wien getroffen. Man grüßte einander und tat, als ob nichts wäre. Der Attaché aber, den Jannings an diesem Tag ans Telephon bekam, war mir etwas besser bekannt. Ein Träger seines Namens war mit meiner Vaterstadt Mainz aufs innigste verknüpft: der ›Volksbischof‹ Freiherr von Ketteler, dessen Fühlungnahme mit dem Sozialisten Ferdinand Lasalle in die Geschichte eingegangen ist: es war das erste Mal, daß Kirche und Arbeiterschaft eine Annäherung versuchten. Das war im vorigen Jahrhundert. Aber der junge Attaché von Ketteler mochte, als Katholik und kultivierter Mann, in diesen Tagen mit den Verteidigern Österreichs mehr sympathisiert haben als mit seinem Führer. Er hatte den offiziellen Informationsdienst der deutschen Botschaft inne. Dieser Herr, der an jenem Samstag ununterbrochen mit der neuen Wiener Regierung und mit Berlin in Verbindung stand, versicherte uns nach bestem Wissen und Gewissen: es sei

keine Gefahr für mich. Es werde in Österreich alles ganz anders laufen. Man werde hier, schon aus diplomatischen Gründen dem Ausland gegenüber, eine ›liberale‹ Version des Faschismus praktizieren und auch die Rassengesetze nicht radikal zur Anwendung bringen. Ich sei ja katholisch, und es würden mit der Kirche bestimmte Vereinbarungen zum Schutz ihrer Angehörigen vorbereitet. Das Klügste, was ich tun könne, sei dazubleiben und abzuwarten. Zwei Stunden später war dieser Mann tot.

Als er die Botschaft verließ, um essen zu gehen, wurde er von einem ›Rollkommando‹ abgefangen. Man schaffte ihn mit einem Auto in den Modenapark, eine kleine Gartenanlage mitten in der Stadt, um ihn dort zu erschlagen. Seine Leiche wurde später aus der Donau gefischt. Die Hintergründe dieses Mordes blieben dunkel, wie so vieles in dieser Zeit. Der Hauptgrund war vermutlich seine ›politische Unzuverlässigkeit‹.

Am Sonntag, dem 13. März, landeten Hunderte von schweren deutschen Bombern auf dem Wiener Flughafen Aspern. Den ganzen Tag hindurch donnerten die Motore. Geschwader kreisten unablässig über der Stadt, niedrig, wie zornige Hornissen. Mit dem Geschrei von den Straßen und dem Brüllen der Lautsprecher, die Hitlers letzte Kundgebungen bis zur Erschlaffung wiederholten, mit dem sogenannten ›Sägen‹, »Sssieg-Heil, Sssieg-Heil, Sssieg-Heil«, das pausenlos, aus schon heisergeschrienen Kehlen, die Stadt durchzischte, ergab das einen unsagbar enervierenden, wahrhaft teuflischen Lärm. Man empfand das nicht mehr als menschliche Laute oder technische Geräusche. Das Getöse des Weltuntergangs durchhallte die Luft.

›Schlagartig‹ – eine der beliebtesten Vokabeln dieser

Schlagzeit – hatten inzwischen die Verhaftungen eingesetzt. Schon trieb man Juden, aber auch Aristokraten – manche, weil sie für die Unabhängigkeit Österreichs eingetreten waren, andere einfach zum Spaß – auf den Straßen herum und ließ sie die noch überall sichtbaren Wahlparolen vom Pflaster waschen. Ich selbst sah, als ich in der Frühe des Dienstag zur Bahn fuhr, einen zarten alten Herrn mit Schrubbeimer und viel zu kleiner Bürste am Boden, im Straßenschmutz, von einer SA-Wache angetrieben, von Pöbelhaufen umstanden. Aber selbst bei diesen Haufen erregte der Anblick kein reines Wohlgefallen. Sie standen nur herum und schauten zu, wie bei einem Verkehrsunfall. Einige mochten sich vielleicht schämen. Oder aber es wurde ihnen doch schon ein wenig bange.

Die Rollkommandos zogen nun bereits in der Stadt umher und suchten die Wohnungen unliebsamer oder von bösartigen Nachbarn denunzierter Personen heim. Wie es dabei zuging, war bekannt. Leute wurden entführt, manche fand man dann, grauenvoll mißhandelt oder verstümmelt, in Krankenhäusern wieder, andere nie. Wenn sie es zu arg getrieben, einen Falschen erwischt oder zu viel gestohlen hatten, hieß es dann in Kundmachungen der Polizei, es seien ›als Sturmtrupps verkleidete Kommunisten‹ gewesen. Niemand glaubte an solche karnevalistischen Ausflüchte. Man glaubte an nichts mehr als an das, was herrschte: die nackte Gewalt.

Während am Vortag unser Telefon ununterbrochen gegangen war, und zwar mit Anrufen wohlmeinender Bekannter, die mich warnen wollten, wurde es jetzt ganz still. Es stand in seiner Ecke, ein kleines, schwarzes, unheildrohendes Instrument, von dem die bösen Geister schon Besitz ergriffen hatten: nahm man den Hörer auf, vernahm man ein seltsames Knacken. Die Abhorchstationen waren bereits am Werk.

In dieser Nacht hatte ich ein Gespräch mit meiner Frau, wie es im Lauf eines Lebens nur einmal geführt wird. Ich erinnere mich an jedes Wort, und doch kommt es mir vor, als hätte ich es in einem Märchen oder einer Legende gelesen. Ich hatte jetzt eine neue Wahnvorstellung: man müsse nach Deutschland hinüber, um dort ›unterzutauchen‹ und sich an der Vorbereitung eines Aufstandes gegen Hitler zu beteiligen – der in diesem Augenblick weniger Aussichten hatte als je. Die ihn damals gewünscht hätten, saßen im KZ oder warteten auf den Henker.

Statt mich mit der, an sich unwiderleglichen, Logik der Tatsachen überreden zu wollen, sagte sie nur: »Ich habe jetzt eine Bitte an dich. Schenke mir ein Jahr deines Lebens. Versuche durchzukommen und dieses Jahr im Ausland abzuwarten. Wenn du dann immer noch so denkst wie heute, dann geh zurück und tue, was du glaubst tun zu müssen. Ich verspreche, mich dann nicht zu widersetzen, auch mitzugehn, wenn die Kinder in Sicherheit sind. Aber um dieses Jahr bitte ich dich.«

In diesem Augenblick kehrten Vernunft, Klarheit, ruhige Überlegung in meinen Denkbereich zurück. Es wurde mir in einer Sekunde deutlich, daß meine abrupte Halsstarrigkeit und fatalistische Haltung kein Heroismus, sondern nichts anderes war als die Angstzustände meines Freundes Horch mit umgekehrtem Vorzeichen – eine Psychose, ein Versagen der Nervenkräfte. Daß es die größere Feigheit wäre, sein Leben jetzt wegzuwerfen, als es mit Mühsal und Geduld für eine vielleicht doch noch kommende bessere Stunde und größere Aufgabe zu

bewahren. Daß es keine andere Entschlossenheit gab, auch im Sinne des Widerstandes gegen die Sieger von heute, auch in dem der Ethik und der Humanität, als zu überleben.
Und es war, buchstäblich, der letzte Moment. In Henndorf hatten sie bereits – wir wußten es noch nicht – unser Haus besetzt und den treuen Jung-Gendarmen Lackner, einen unentwegten Nazigegner, der so oft am Abend bei uns die Zither gespielt hatte, halb totgeschlagen. In unsrer Wiener Wohnung erschienen sie am Tag nach meiner Flucht, und da sie mich nicht mehr fanden, schleppten sie alles fort, was unser war: darunter eine Bibliothek von einigen tausend Bänden, mit Widmungsexemplaren von den meisten in dieser Zeit schaffenden Dichtern und Literaten: von Gerhart Hauptmann bis Brecht. Ich habe sie nie mehr wiedergesehn.
Ums Abschiednehmen war uns nicht zumute. Am liebsten hätten wir, außer vom praktisch Notwendigen, gar nicht davon gesprochen, sondern uns so verhalten, als träte man irgendeine vorübergehende Reise an. Aber wir hatten ja Menschen, die zu uns gehörten. In solchen Augenblicken wird es offenbar, wer wirklich zu einem gehört. In unserem Fall war es die Köchin, die seit vielen Jahren in Stadt und Land unsren Haushalt betreute und sich ewig mit uns stritt, was wohl ein Ausdruck ihrer besonderen Verbundenheit und Liebe war: ihr Name gehört in dieses Kompendium der echten Freundschaft, sie hieß Anna Buchendorfer. Sie und ihre siebzehnjährige Nichte, die noch als halbes Kind in unser Haus gekommen war, halfen mit beim Packen und schwammen in Tränen. Gegen Abend kam unsere liebste Freundin in Wien – Grete Wiesenthal –, auch sie glaubte ich nach diesem Abend nie mehr wiederzusehn, und dann haben

wir nach dem Krieg das herrlichste und schönste Wiedersehn gefeiert und leben noch heute in einer zärtlichen und beglückenden Verbundenheit – und der in unsren Herzen verankerte Alfred Ibach, damals Dramaturg bei Hilpert, später Direktor des ›Theaters in der Josefstadt‹. Er blieb über Nacht und begleitete mich am nächsten Morgen zur Bahn, um mir, falls es nötig wäre, bis zur Abfahrt zur Seite zu stehn. Ich bat die Mädchen, ein paar kalte Eßwaren, die man im Kühlschrank hatte – an Kochen hatte an diesem Tag niemand denken können –, hereinzubringen und bei uns zu bleiben. Ich hatte etwas Champagner im Keller und holte ihn herauf. Ich beobachtete mich selbst und fand mich ziemlich ruhig und ungerührt. Die Erschütterung war zu groß, um sentimentale Empfindungen aufkommen zu lassen. Ich forderte die Mädchen zuerst auf, mir einen großen Gefallen zu tun, nämlich das Heulen sein zu lassen. Sie versuchten das auch tapfer und schnoben nur noch mit der Nase. Dann goß ich den Champagner ein, und wir tranken jeder ein Glas. Beim zweiten Glas wurden wir ganz heiter, und sprachen von allen möglichen gemeinsam erlebten Dingen. Wir hatten uns, zwei Jahre vorher, die ehemaligen Dienerwohnungen in dem schönen, alten Salmspalais gemietet und mit viel Sorgfalt eingerichtet. Die meine, da ich in Arbeitszeiten gern allein lebe, lag im Parterre, neben dem Eingangstor, die der Familie oben unterm Dach. Vorsichtshalber blieb ich in dieser Nacht oben. Wir fielen todmüde ins Bett, in der Nacht vorher hatten wir kaum Ruhe gefunden. »Es ist das Schlimmste«, murmelte meine Frau schon halb im Schlaf, »das Schlimmste, was Menschen passieren kann. Aber wir müssen es –« – und dann schnarchte sie plötzlich röchelnd, mit offenem Mund, wie ein überanstrengter

Jagdhund. Ich hielt ihre Hand, und auch diese Nacht ging vorüber.
Ich reiste allein, mit dem direkten Zug Wien–Zürich, der Anschluß nach London hatte. Dies war der einzige vernünftige Gedanke, der mir in diesen Tagen gekommen war. Eine ausreisende Familie, das sah nach Landesflucht aus. Meine einzige Chance, ungehindert über die Grenze zu kommen, bestand darin, daß ich die Ausreise nicht als Flucht, sondern nur als eine vorübergehende Entfernung erscheinen ließ, und ich hatte kurz vorher ein Telegramm von Alexander Korda bekommen, in dem er mich bat, baldmöglichst zur Besprechung eines neuen Filmplans nach London zu kommen. Das hatte ich als eine Art Alibi in der Tasche. Meine Familie sollte sich mit dem Flugzeug nach Berlin begeben, wo ja, im Gegensatz zu Wien, geordnete Verhältnisse herrschten und wo unsere Freunde, vor allem Peter Suhrkamp, Hilpert, Gründgens, bereitstanden, sich ihrer anzunehmen. ›Sippenhaft‹ war damals in solchen Fällen noch nicht üblich, und man konnte damit rechnen, daß in Deutschland die Grenzkontrolle noch von der korrekten Beamtenschaft und nicht von Parteiorganen durchgeführt wurde. Sie sollten erst abwarten, ob ich glücklich durchgekommen sei, um mir dann zu folgen. Mein Paß war, Gottseidank, noch der deutsche – ein brandneuer österreichischer hätte Verdacht erwecken können –, und er war ›in Ordnung‹: auf Grund irgendeiner, mir damals wie heute ebenso unerforschlichen wie gleichgültigen Auslegung der Nürnberger Gesetze gehörte ich trotz meiner mütterlichen Abstammung nicht in die Kategorie, in deren Pässe man ein großes J stempelte, was Jude oder ›Judenstämmling‹ bedeutete. Ich hatte also eine gewisse Aussicht, ungeschoren zu bleiben, obwohl man nicht wissen

konnte, welche Namen auf den Steckbriefen der Grenzer standen. Die Chancen waren so etwa halb und halb.
Die Strecke von Wien zur Schweizer oder Liechtensteiner Grenze bei Feldkirch-Buchs führt durch das ganze mittlere und westliche Österreich. Es war ein strahlender Vorfrühlingstag, selten hatte ich das Land schöner gesehen. Die Berge hatten noch Schnee, an den Waldrändern grünte es bereits. Gegen Mittag fuhr der Zug am Wallersee entlang, auf dessen anderer Seite Henndorf lag. Ich stand auf dem Gang des D-Zugs und schaute hinaus. Der blaue Himmel spiegelte sich im See. Ich sah meine Badehütte, die in einer Waldlichtung lag. Ich glaubte meine Hunde bellen zu hören.
Dann schob sich langsam und mit schwerem Geratter ein Truppentransportzug vor das Bild, der auf dem Nebengleis ostwärts stampfte. Es waren deutsche Batterien, die nach Wien transportiert wurden. Die Kanoniere hockten neben ihren leichten Feldhaubitzen auf den offenen Wägen, in ihrer feldgrauen Uniform, und waren jung und frisch, wie wir, als wir im Jahre 14 nach Frankreich zogen. Die Leute in meinem D-Zug-Wagen ließen die Fenster herunter, winkten ihnen zu, viele schrien ›Heil Hitler‹ und deuteten auf das Hakenkreuz, das sie aus echter oder geheuchelter Begeisterung im Knopfloch trugen. Die deutschen Soldaten, die aus dem eigenen Land mehr beklommenes Schweigen und verbissene Gesichter gewohnt waren, statt solcher – längst abgeklungener – Ausbrüche von Jubel, lachten ein wenig und erwiderten die Grüße, wie mir schien, etwas verlegen. Manche löffelten ihre Suppe und schauten gar nicht auf.
Der Salzburger Bahnhof glich einem Heerlager, überall kampierten die Einmarschtruppen, die einen ruhigen, disziplinierten, soldatischen Eindruck machten. Sie hat-

ten weder im Aussehen noch im Wesen irgend etwas mit jenen Parteibanden gemein, welche die Polizei- und Staatsgewalt jetzt im Lande übernommen hatten und gegen die auch die höchste Militärcharge machtlos war. Der gleiche Mob, den ich von Wien her kannte, belagerte die Bahnhofshalle, sägte ›Sssieg-Heil‹ oder sang das Horst-Wessel-Lied, die Parteihymne, in der es wie zum Hohne hieß: »Die Zeit für Freiheit und für Brot bricht an!« und an die, erst recht wie zum Hohn, das gute alte Deutschlandlied des einstigen 48ers Hoffmann von Fallersleben, nach der Melodie von Haydn, angehängt wurde. Ich wollte mir Zigarren kaufen, aber die Tabaktrafikantin, die mich jahrelang bedient hatte, eine fünfzigjährige Witwe, rannte hinter ein paar deutschen Soldaten her, um ihnen Zigaretten in die Taschen zu stekken. »Daitsche Brieder«, kreischte sie und verdrehte die Augen ekstatisch. Der Schaum schien ihr vorm Mund zu stehn. Sie soll sich, als die erste deutsche Einheit einrückte, auf die Straße gekniet haben. Vor einigen Wochen hatte ich sie noch beim Aufmarsch der ›Vaterländischen Front‹ »Treu-Österreich« rufen hören. Der Gedanke, dieses Land zu verlassen, wurde mir immer leichter.
Als der Zug endlich weiterfuhr, merkte ich, wie sehr mein Herz klopfte. Einige Stunden später hielten wir in Innsbruck. Von dort sind es noch etwa drei Stunden bis zur Grenze. Hier aber kam die erste Nazikontrolle in den Wagen. Ein dicker Mann in Zivil, mit Hakenkreuzbinde und Polizeiabzeichen, stand plötzlich in meinem nicht allzu besetzten Kupee. Hinter ihm zwei Braunhemden, den Revolver am Koppel.
»Paß vorzeigen!«
Er nickte zuerst wohlgefällig, als er den reichsdeutschen

Adler sah, dann schaute er sich die Personalien genauer an. »Schriftsteller«, las er meinen Beruf ( und ich dachte mir, warum hab ich nicht Landwirt angegeben oder Hundezüchter) und starrte mir mißtrauisch ins Gesicht.
»Steigen Sie aus mit Gepäck.«
»Warum?« fragte ich.
»Unser Führer liebt die Presse nicht«, sagte er unwirsch.
»Ich bin nicht von der Presse«, sagte ich.
»Das wird sich herausstellen«, schnitt er mir jedes weitere Wort ab, »steigen Sie aus.«
Ich versuchte noch zu protestieren: »Ich werde in London erwartet, ich kann den Anschluß nicht versäumen –«
»Steigen Sie aus!« brüllte er mich an. Die beiden Braunhemden traten einen Schritt näher.
Auf dem Bahnsteig war ein Häuflein anderer Delinquenten oder Verdächtiger zusammengetrieben, zu denen man mich hinführte. Alle, auch Frauen, trugen wie ich ihr Gepäck.
»Vorwärts – Marsch!« kommandierte jemand.
Ich sah, während wir den Bahnhof verließen, meinen noblen D-Zug weiterfahren.
Man führte uns über den Innsbrucker Bahnhofsplatz, wir gingen im Gänsemarsch, die Leute schauten uns nach. Ich sah das schöne Hotel ›Tirolerhof‹, in dem ich oft gewohnt und heitere Stunden verbracht hatte. Und empfand einen enormen Durst nach einem Liter Rotwein. Eine ungeheure Wut saß mir in der Kehle.
Als man uns im Polizeigebäude die breite Treppe hinaufgehen ließ, kam ein gleichfalls aus dem Zug geholter alter Herr an meine Seite und flüsterte mir plötzlich durch die Zähne eine Zahl zu. Sie hieß: »A-16023«. Ich habe sie später notiert, hätte sie aber auch ohne das nicht mehr

vergessen. »Bitte dort anrufen« flüsterte er, ohne die Lippen zu bewegen, »falls Sie herauskommen, sagen, daß hier verhaftet. Ich bin gesucht, ich heiße –« Er kam nicht dazu, seinen Namen zu sagen, aber mir fiel plötzlich ein, daß ich sein Gesicht aus einer Geschichte der österreichischen Sozialdemokratie kannte. Ich nickte ihm zu und wiederholte leise die Nummer. Als man ihn später abführte, grüßte er mich mit den Augen.

Stundenlang saßen wir in dem kahlen Gang auf unsren Gepäckstücken. Eine Wache beobachtete uns unausgesetzt, damit wir nicht miteinander sprachen. Es ging unruhig zu im Polizeigebäude, ein dauerndes Hin und Her. Immer wieder wurden, zwischen zwei Braunhemden, blaß aussehende Menschen hereingebracht, verschwanden hinter irgendeiner Tür. Es war der Tag, an dem man dort die Vaterländische Front ›aufrollte‹, die Organisation Schuschniggs.

Mein Hunger, mein Durst und mein Zorn wurden immer größer. Als ich endlich zum Verhör in ein Büro gebracht wurde, war mir schon alles gleich, ich wußte, worum es ging, und ich hatte nichts zu verlieren. Außerdem kannte ich den Typus des ›Unterbeamten‹ nur allzu gut und war entschlossen, mich wie ein ›Oberer‹ zu benehmen.

Kaum betrat ich das Büro, begann ich sofort zu brüllen. »Das ist unerhört!« schrie ich in schärfstem Kommißdeutsch den diensttuenden Polizisten an, der mit einigen SA-Chargen zusammen an einem Tisch saß, »ich werde hier ohne Grund festgehalten und versäume meinen Anschluß! Man wird mir den Schaden ersetzen müssen –« und so weiter.

Dabei warf ich meinen deutschen Paß, diesen gebrechlichen Rettungsanker, auf den Tisch und versuchte noch

lauter zu schreien: »Überzeugen Sie sich selbst, ob gegen mich etwas vorliegt!« Ich fühlte sofort, daß meine Methode wirkte. Die Uniformierten waren lauter Österreicher, für die das Ganze noch neu war, und denen vor einem Deutschen, der sie anschrie, in diesen Tagen sofort das Herz in die Hose sank. Ich zeigte mein Telegramm aus London, das sie nicht lesen konnten, weil es englisch war, schimpfte noch etwas über den Zeitverlust bei dringenden Geschäften und wurde dann gnädiger.
Der Mann, der mich aus dem Zug geholt hatte, stand dabei, sah mich unsicher und feindlich an.
»Er ist Schriftsteller«, sagte er, »das ist verdächtig. Unser Führer liebt die Presse nicht.«
»Aber ich schreibe für den Film«, sagte ich, »den liebt der Führer.«
»Ja«, sagte der Diensthabende, »den liebt er. – Ich kenne Ihr Haus in Henndorf«, sagte er dann freundlich zu mir, »ich habe dort im See gebadet. Ein schöner Fleck Erde.« – »Das stimmt«, sagte ich, »was wollen Sie jetzt von mir?« Der Mann stand auf. Ich hatte ihn offenbar völlig überzeugt. »In solchen Tagen«, sagte er, »kommen Irrtümer vor. Wir tun ja nur unsere Pflicht. Gehen Sie rasch – aber durch die Hintertür. Die da draußen« – er wies mit der Hand zum Gang, wo noch ein Teil meiner Schicksalsgenossen wartete – »kommen nicht so leicht weg. Dös san Jud'n«, fügte er im Dialekt hinzu – »Heil Hitler!« Damit war ich entlassen.
Als ich die Hintertreppe hinunterging, hörte ich Schritte – tapp tapp tapp –, die mir auf den Fersen folgten. Ich drehte mich nicht um. Plötzlich legte sich eine Hand auf meine Schulter – es war ein SA-Mann in brauner Uniform. Mir wurde kalt. Er zog ein kleines Buch aus der Tasche, ich erkannte den Einband einer Novelle, die ich

vor einem Jahr publiziert hatte. Sie hieß: ›Ein Sommer in Österreich.‹

»Das hab ich gerade gelesen«, sagte er und lächelte zutraulich, »würden Sie mir nicht Ihren Namen hineinschreiben?« Ich tat es mit der Füllfeder, die er mir reichte.

Plötzlich beugte er sich dicht zu mir.

»Jetzt gibt's kein ›Sommer in Österreich‹ mehr«, sagte er leise, »leben Sie wohl, und kommen Sie ja nicht wieder. Passen's auf an der Grenze«, sagte er noch, klappte die Hacken zusammen und verschwand. Das Hakenkreuz leuchtete an seiner Armbinde.

Als ich zum Bahnhof zurückkam, war ich in Schweiß gebadet, nicht nur weil ich meine Koffer selber trug. Ich ging noch rasch aufs Postamt und gab ein Telegramm nach Berlin auf, wo meine Frau in der Wohnung von Mirl und Peter Suhrkamp auf meinen Anruf aus Zürich wartete (ich hätte jetzt schon dort sein sollen): »Manuskript eintrifft mit Verspätung.« Ohne Unterschrift.

Es war dunkle Nacht, als ich auf dem Bahnsteig stand, wo der nächste Zug zur Grenze einlief: er kam zu spät und war überfüllt, wohl hauptsächlich mit Flüchtlingen, die Trittbretter von Wachen in brauner und schwarzer Uniform besetzt.

Ich versuchte, mich in eines der überfüllten Kupees zu drängen und hatte, da mir heiß war, zum ersten Mal an diesem Tag meinen Trench-Coat geöffnet. Und jetzt ereignete sich etwas Unerwartetes und äußerst Peinliches. Es wurde bei meinem Eintritt in das Abteil, in dem vorher lebhaft geredet worden war, plötzlich ganz still, und gleich darauf erhob sich ein älterer, unverkennbar jüdisch aussehender Herr, deutete auf seinen Platz und sagte, mit einer gewissen Demut in der Stimme:

»Herr – wollense sich nicht setzen?«
»Aber das ist doch Ihr Platz«, sagte ich, »behalten Sie ihn doch bitte!« Er weigerte sich, und auch die anderen rückten auseinander und versuchten, mir Platz zu schaffen.
Plötzlich begriff ich, was da los war.
Es trug nämlich in diesen Tagen jedermann in Österreich, der sich keinen Unannehmlichkeiten auf der Straße aussetzen wollte, das Hakenkreuz im Knopfloch, man konnte es für zehn Groschen an jedem Zeitungsstand kaufen. Wer keines trug, setzte sich dem Verdacht aus, ›dagegen‹ zu sein, und mußte darauf gefaßt sein, belästigt – das heißt im besten Falle angepöbelt zu werden. Jeder starrte dem andern zuerst aufs Knopfloch. Ein Hakenkreuz konnte und wollte ich selbstverständlich nicht tragen, auch nicht zum Schein. Um aber meine Ausreise nicht unnötig zu gefährden, hatte ich etwas anderes auf meinem Rockaufschlag befestigt: die Schnalle mit meinen Kriegsauszeichnungen und die Nadel mit dem ›E. K. I.‹. Man mag das als veraltete Romantik bezeichnen, aber ich hatte diese Dinge aufbewahrt; für mich bedeuteten sie, fernab von aller Politik, eine Erinnerung an ernste, schwere, an der Seite unvergeßlicher Kameraden durchlebte und überstandene Jahre, auch an manche Gefahr und Bedrohung meines damals noch jungen Lebens – ohne zu ahnen, daß sie mir noch einmal das Leben retten sollten.
Jetzt aber hatte ich ganz vergessen, daß ich diese Dekorationen, die wir selbst im Krieg respektlos als Klempnerladen bezeichnet hatten, sozusagen wie schützende Amulette unter dem Mantel auf dem Rock trug, und bemerkte erst an den ängstlich verstörten Augen meiner Mitreisenden die Wirkung: als Österreicher wußten sie

nicht genau, was das war, aber sie sahen etwas Schwarz-Weißes und Schwarz-Weiß-Rotes und hielten mich offenbar für einen besonderen Berserker und Wüterich. Bald bot man mir einen Schnaps an, und als ich höflich akzeptierte und ein Gespräch begann, wurden sie zutraulicher und schienen zu denken, ich sei auch ein Mensch. Ihnen bangte vor der Grenze, und an ihren Reden bemerkte ich, daß sie mich um meiner vermeintlichen Sicherheit willen beneideten. Wieviel unsicherer ich selber war und wieviel Grund ich dazu hatte, ahnten sie nicht.

Es war eine Fahrt von drei Stunden, mitten in der Nacht, und je näher wir der Grenze kamen, desto hektischer, unheimlicher, exaltierter wurde die Stimmung. Patrouillen drängten sich dauernd durch die mit Passagieren überfüllten Gänge, kamen in die Kupees, kontrollierten die einzelnen Reisenden, fragten sie nach Namen, Reiseziel und Geldbestand. Man durfte nicht mehr als zehn Reichsmark oder zwanzig österreichische Schillinge bei sich tragen – das war auch der ganze Reichtum, mit dem ich abgefahren war –, und auf dem kleinsten Überbetrag stand schwerste Strafe, auf dem Schmuggel größerer Summen sogar der Tod. Natürlich bestand der Verdacht, daß manche Flüchtlinge versuchen würden, höhere Beträge durchzubringen, und es waren für die Beamten besondere Belohnungen ausgesetzt worden, falls sie Geld oder Wertsachen entdeckten. Aber es war außerdem bei der ganzen, fortgesetzten und eigentlich unnötigen Kontrolle, denn die entscheidende fand ja erst an der Grenze statt, eine Art von kalter Schikane im Spiel. Es war im kleinen das Abbild des ganzen Diktatursystems, das auf planmäßiger Einschüchterung aufgebaut ist: jeder einzelne soll das Gefühl haben, in jedem

Augenblick beobachtet zu sein und ›erfaßt‹ werden zu können.
Meine Mitreisenden waren durchweg Leute, die wohl persönlich noch nicht verfolgt waren, aber – mit gutem Grund – die kommenden Verfolgungen ihrer Rasse oder ihrer Gesinnung fürchteten. Einige von ihnen mögen auch zu der Sorte von üblen und skrupellosen Geschäftemachern gehört haben, zu den notorischen Hyänen der politischen und ökonomischen Schlachtfelder. Mir ging dabei durch den Kopf, wie leicht braven und anständigen Menschen der Satz heruntergehen mußte: »Gemeinnutz geht vor Eigennutz« – wie viele Gutgläubige wohl auf diese so rechtlich klingende Parole des Nationalsozialismus hereingefallen seien und wie abscheulich sie durch den Mißbrauch getäuscht waren und enttäuscht werden sollten. Ich empfand, als Flüchtling, fast eine Art von Mitleid mit den ahnungslosen Mitläufern, die zurückblieben.
Die meisten in meinem Kupee wirkten harmlos und verstört. Da saß ein kleiner, muskulöser Mensch mit kugeligem blondem Kopf – er hieß Baldur mit Vornamen und war so ›arisch‹ wie sein Namenspatron. Sein Beruf war, wie er erzählte, Mittelstürmer. In einem Wiener Fußballteam. Aber er flüchtete mit seiner jüdischen Braut, Rebekka, die zwei Köpfe größer war als er und eine Brille trug. Denn sie fürchteten, mit Recht, das Verbot der ›Rassenschande‹, die – von der Trennung der Liebenden abgesehen – mit den grausamsten Strafen belegt wurde. Sie saßen da wie Hühner auf der Stange und zogen, wenn eine Kontrolle nahte, die Hälse ein, als käme die Köchin mit dem Messer. Immer wieder beratschlagten sie, nervös und unsicher, was sie denn auf der Grenze sagen sollten. Ich gab ihnen den guten Rat, gar

nichts zu sagen und so zu tun, als ob sie sich nicht kennen würden und nur zufällige Reisegefährten seien. Als aber gleich darauf ein martialischer SS-Mann noch im fahrenden Zug hereinkam, um die Pässe einer Vorkontrolle zu unterziehen, machten sie sich sofort durch Blicke und gegenseitiges Zunicken verdächtig. »Kennen Sie diesen Herrn?«, fragte der SS-Mann abrupt. »Ja«, stotterte sie, »er ist mein Verlobter.«
Der SS nahm beiden die Pässe ab, steckte sie in die Tasche, und ging hinaus auf den Gang, wo er sich verträumt eine Zigarette anzündete. Zu Tod erschrokken saßen die beiden da, ihre Gesichter waren bleich und schuldbewußt. Er, Baldur, schüttelte immer wieder den Kopf und sagte grüblerisch vor sich hin: »Mein Verlobter! Es ist mir ein psychologisches Rätsel. Wir sind ja gar nicht – das heißt – wir haben doch sonst nie das Wort gebraucht... Wir – wir gehen halt miteinander. Und jetzt sagt sie plötzlich: mein Verlobter! Zu dem Kerl!«
»Ich kann ihm doch nicht sagen«, stammelte sie, »daß wir Lebensgefährten sind... Unsere Beziehung ist ja mehr seelischer Natur«, fügte sie hinzu und wurde schrecklich rot. Die beiden waren so rührend in ihrer Not und ihrer unbewußten Komik, daß man es kaum aushalten konnte – und ich will, allen Gesetzen der Spannung zum Trotz, vorwegnehmen, daß sie durchkamen und hoffentlich heute noch konstante ›Lebensgefährten‹ sind, vielleicht auch die Eltern vieler ›Mischlinge‹.
Ein anderer Mensch saß in diesem Kupee, es war der, welcher mir den Schnaps angeboten hatte. Er trank selbst sehr viel aus einer Feldflasche und rutschte immer nervöser auf seinem Sitz hin und her. »Mein Vater war e

kommandierender General«, sagte er öfters laut, »was kann *mir* schon passieren!« Er schwitzte, seine Stirn war rot angelaufen. Bei den verschiedenen Kontrollfragen im Zug hatte er wie alle anderen angegeben, daß er nicht mehr als zehn Mark bei sich trage. Fünf Minuten vor der Grenze aber, als der Zug schon sein Tempo verlangsamte, wurde er plötzlich grün, als würde ihm übel, sprang auf, riß das Fenster herunter, zerrte ein Bündel Banknoten aus irgendeiner inneren Rocktasche heraus und warf es in die Nacht. Es war ein recht dickes Bündel. Wenn man es gefunden hätte, wäre es ihm schlecht ergangen. Jetzt ließ er sich auf seinen Sitz zurückfallen und atmete schwer. Er hatte, buchstäblich, sein Geld zum Fenster hinausgeworfen.

Dies waren nur ein paar kleine Beispiele von all den verhetzten, durcheinandergewürfelten Menschenschicksalen, die in dieser Nacht an mir vorbeizogen. Es wurden auch dann und wann auf kleineren Stationen gewisse Namen aufgerufen, und ihre Träger, wenn man sie fand, aus dem Zug geholt. Auch mein Name wurde plötzlich gerufen, und ich zuckte zusammen, obwohl es eine weibliche Stimme war. Dann erschien eine polnische Dame, die mich vom Gang her gesehen hatte: sie kenne mein Gesicht von einer Wiener Premiere und illustrierten Blättern, und sie wollte wissen, wie die künstlerischen Pläne Max Reinhardts seien, den sie so sehr verehrte, und ob denn nun wohl der ›Jedermann‹ noch in Salzburg gespielt werde. Sie war selbst auf der Flucht, aber ein Gespräch über Theater und Literatur schien für sie aufregender zu sein als die ganze Situation, und sie redete von Kunst, Kultur und Gesellschaft, als ob es das alles noch gäbe. Ich mußte an die Marquisen in den Kerkern der Französischen Revolution denken. Aber das gegenwärtige Erlebnis erschien mir wie eine ordinäre Parodie. Denen von damals mag das ihre ähnlich erschienen sein. Romantisch werden solche Ereignisse immer erst, wenn sie vorbei sind. Frisches Blut riecht gemein.

Als der Zug langsam in Feldkirch einfuhr und man die grellen Kegel der Scheinwerfer sah, hatte ich wenig Hoffnung. Ich empfand eigentlich nichts und dachte in diesem Moment auch nichts. Eine kalte Spannung hatte mich erfüllt. Aber alle Instinkte waren auf die Rettung konzentriert. Ich denke heute: ob es dem Fuchs so zumute ist, wenn er die Meute hört?

»Alles raus, mit Gepäck! Der Zug wird geräumt.«

»Träger!« rief ich.

»Selber schleppen«, schrie eine Stimme, »gibt keine Träger für euch.«

Man war, als Insasse dieses Zugs, bereits nur noch in der Mehrzahl vorhanden. So ergriff ich meine zwei Koffer, in denen alles verstaut war, was ich hatte mitnehmen können: das Notwendigste für kurze Zeit.

Ich sah zu meinem Schrecken, daß der Grenzdienst fast ausnahmslos von Hitlertruppen in brauner und schwarzer Uniform ausgeübt wurde. Der Bahnhof wimmelte von Menschen. Überall waren große Tische aufgestellt, auf die man die Koffer und Taschen der Passagiere einfach umleerte. Man kippte sie oder stellte sie auf den Kopf, dann wurde der völlig geleerte Koffer auf doppelten Boden abgeklopft, dann jedes einzelne Stück des Inhalts untersucht, jedes Paar Strümpfe aufgerollt, die Leisten aus den Stiefeln gezogen, jedes gefaltete Hemd auseinandergeschüttelt, jedes Schmink- oder Puderdöschen geöffnet. Und das bei Hunderten von Passagieren, von denen dann noch jeder einzelne körperlich visitiert, das heißt in einer Zelle bis auf die Haut entkleidet und

sozusagen selbst wie ein Koffer umgestülpt wurde. Ich sagte mir, daß dieses Beispiel deutscher Gründlichkeit viele Stunden lang dauern müsse, und machte mich auf eine lange Folter gefaßt. Dabei fiel mir ein, daß ich in einem meiner Gepäckstücke eine Menge handschriftlicher Manuskripte von Gedichten und entworfenen Arbeiten verwahrt hatte, es war eine Gedankenlosigkeit sondergleichen, derartiges mitzunehmen, aber mir war es einfach das Wichtigste gewesen. Geschriebenes war bekanntlich besonders suspekt. Wenn die jedes einzelne Blatt lesen wollen, dachte ich voll Entsetzen, dann komme ich nie mehr hier weg.
Während eben ein Mann mit klobigen Händen meinen ersten Koffer umschüttete, verlangte ein anderer, in schwarzem Hemd, meinen Paß. Ich reichte ihn harmlos hin und beobachtete die Reaktion unter den Lidern.
Der Mann schaute lange auf meinen Namen, dann hob er plötzlich ruckartig den Kopf, als habe er Witterung genommen.
»Zuckmayer?« fragte er. Ich nickte.
»*Der* Zuckmayer?«
»Was meinen Sie damit?«
»Ich meine: der berüchtigte.«
»Ob ich berüchtigt bin, weiß ich nicht. Aber es gibt wohl keinen anderen Schriftsteller meines Namens.«
Seine Augen wurden spitz, wie wenn jemand Ziel nimmt und seines Treffers gewiß ist.
»Kommen Sie mit«, sagte er.
»Ich muß bei meinem Gepäck bleiben«, erwiderte ich.
»Das müssen Sie nicht«, sagte er und lächelte spöttisch, als wolle er sagen: Du brauchst kein Gepäck mehr.
Ich wurde über den langen Perron des Bahnhofs geführt, während mein Gepäck zurückblieb und der Gründlich-

keit anheimfiel. Ganz am Ende des Bahnhofs, wo es stockdunkel wurde, waren einige Baracken sichtbar. Es roch knoblauchartig nach feuchtem Karbid, und der kreidige Schein einer Fahrradlampe schwankte über dem Barackeneingang.
In der Baracke saß ein blonder magerer Mensch in der Uniform der SS hinter einem Tisch, er trug eine Stahlbrille und sah überanstrengt und unterernährt aus. Vor dem Tisch stand ein Mann mit aufgeschlagenem Mantelkragen und gesenktem Kopf, der offenbar gerade verhört worden war.
»Ins Revier zum Abtransport«, hörte ich die Stimme des Beamten, »wenn überfüllt, ins Ortsgefängnis. Der nächste Herr bitte.« Zwei SA-Leute führten den völlig gebrochenen Mann hinaus, er schien zu weinen.
Dann trat ich, der nächste Herr, vor meinen Richter. Mein Häscher hatte mit ihm geflüstert, und nun schaute der andere auf.
»Carl Zuckmayer«, sagte er. – »Aha.«
Er starrte in den Paß, blätterte darin herum, sein Gesicht wurde nachdenklich. Immer wieder starrte er auf die erste Seite. Ich merkte, daß ihn die fünfjährige Gültigkeit irritierte: Juden bekamen damals nur noch Pässe für sechs Monate, wenn überhaupt. Meiner war früher im deutschen Konsulat in Salzburg ausgestellt worden, wo man korrekt verfuhr und mir wohlwollte.
Dann ließ er sich eine gedruckte Liste reichen, wohl die der politisch Verfolgten, schlug den Buchstaben Z auf, fand mich nicht, starrte wieder in den Paß. »Komisch«, sagte er und schüttelte den Kopf, »ich habe doch mal irgendwas über Sie gehört, aber ich weiß nicht mehr genau. Sie sind also gar kein Hebräer.«
Er lachte jovial, und ich grinste ein wenig. Daß meine

Mutter eine geborene Goldschmidt war, brauchte ich ihm ja nicht anzuvertrauen.
»Katholisch«, las er. »Na ja. Die Pfaffen werden wir auch noch drankriegen.«
»Ich lebe nicht im Zölibat«, sagte ich, mit einem Versuch zu lachen. Er lachte mit, stand auf, kam auf mich zu, den Paß in der Hand, als wolle er ihn mir wiedergeben.
»Wo fahren Sie hin?«
»Nach London, um einen Film zu schreiben.«
»Film? Das ist interessant. Haben Sie schon mehr Filme geschrieben? Solche, die man kennt?«
»Der letzte hieß ›Rembrandt‹«, sagte ich.
»Oh – den hab' ich gesehen. Der war politisch einwandfrei. Er ist in Wien gelaufen, als ich letzten Winter zum SS-Schulungskurs abkommandiert war. Illegal natürlich«, sagte er vertraulich. Dann beugte er sich zu mir vor.
»Sind Sie Parteigenosse? Haben Sie einen Parteiausweis mit?«
»Nein«, sagte ich, »ich bin kein Parteigenosse.«
Im selben Augenblick war alle Jovialität verschwunden, der Mann riß meinen Paß, nach dem ich schon die Hand ausgestreckt hatte, wieder an sich.
»So«, sagte er scharf, »ein deutscher Schriftsteller und nicht Parteigenosse? Aber Sie sind doch Mitglied der Reichsschrifttumskammer?«
»Nein«, sagte ich, »auch das nicht.« Denn zu lügen, hätte keinen Sinn gehabt, da ich ja keine Ausweise dieser Art besaß, die sonst jeder bei sich trug.
»Und weshalb nicht?«
Sein Gesicht wurde starr und drohend.
Was ich jetzt antwortete, habe ich mir nicht für den Bruchteil einer Sekunde überlegt. Ich tat es ganz automa-

tisch, und ich wußte nicht, warum ich es tat und was daraus folgen würde. Aber ich verstehe seitdem, daß Menschen an die Einflüsterungen von Schutzengeln oder guten Geistern glauben.
»Ich kann nicht Parteigenosse sein«, antwortete ich prompt, »weil meine Werke in Deutschland verboten sind. Sie stimmten nicht mit der nationalsozialistischen Weltanschauung überein. Deshalb arbeite ich ja in London, wo ich auch den ›Rembrandt‹-Film gemacht habe. Daß ich beliebig ins Ausland reisen kann, sehen Sie aus meinem Paß, sonst hätte ich ihn nicht. Das muß Ihnen doch genügen.«
Ich streckte wieder die Hand nach meinem Paß aus.
Aber der Sturmführer starrte mich nun ganz sonderbar an. Sein Mund klaffte auf, seine Augen waren rund geworden. Plötzlich ergriff er meine ausgestreckte Hand und schüttelte sie.
»Fabelhaft!« rief er, »diese offene Aussage! Diese Ehrlichkeit!«
»Glauben Sie denn«, sagte ich, meinen Vorteil wahrnehmend, »jeder, der hier hereinkommt, ist ein Lügner?«
»Die meisten schon«, rief er aus, »aber Sie – Sie sind halt ein deutscher Mann! Das hätt' ich nie geglaubt, daß am heutigen Tag einer offen zugibt, er ist kein PG, er ist verboten! Sie – aus Ihnen wird noch ein Parteigenosse, das garantier ich Ihnen!«
»Dankeschön«, sagte ich und nahm meinen Paß entgegen. »Kann ich jetzt zu meinem Gepäck?«
»Ich komme mit«, rief er, »ich brauche auch mal eine Ablösung. Fabelhaft. Vor Ihnen hab' ich Respekt. Ihr Gepäck ist ja einwandfrei, hoffe ich?«
Er zog die Brauen hoch und bekam wieder Falten ins Gesicht. Ich dachte an meine Manuskripte, und der

Gedanke an ein neues Katz-und-Maus-Spiel machte mir heiß. Außerdem sah ich draußen den Kerl stehen, der mich hereingebracht hatte, und bösartig zu mir herstarren.
Jetzt – dachte ich nun ganz bewußt und berechnend – ist es an der Zeit. Ich öffnete meinen Mantel, schlug ihn zurück, als suche ich in der Hose nach meinem Taschentuch, und zwar auf der linken Seite, wo die Kriegsorden steckten. Sofort hefteten sich seine Augen darauf wie gebannt.
»Sie waren in der Front?« fragte er.
»Natürlich«, sagte ich lässig, »fast vier Jahre lang.«
»Offizier gewesen?«
Ich nickte.
»Ist das nicht – das Eiserne Kreuz Erster Klasse?«
»Ja.«
»Und das?«
»Die hessische Tapferkeitsmedaille. Ich stamme aus Mainz. Die bekam jeder, wenn er eine Zeitlang dabei war.«
»Aber das hier – mit den Schwertern?«
Es war der ›Zähringer Löwe mit Eichenlaub und Schwertern‹, eine Auszeichnung, die Offiziere bekommen konnten, wenn sie bei einer badischen Formation gestanden und sich dort verdient oder beliebt gemacht hatten. Ich erklärte es ihm.
»Dann sind Sie ja ein Held«, sagte er und bekam Fischaugen.
»Das nicht«, sagte ich barsch, »aber immerhin kann man sich die Dinger nicht für zehn Groschen auf der Straße kaufen.« Diese Anspielung war schon ziemlich frech, aber sie tat ihre Wirkung.
»Prachtvoll«, rief er und lachte übermäßig. – »Sie meinen

die Mitläufer! Die Opportunisten! Das ist deutscher Humor. Großartig!«
Er nahm seine Mütze ab und wischte sich den Schweiß. Ich sah, daß er die Haare am Hinterkopf abrasiert hatte, vorne war sein Schopf ›vorschriftsmäßig‹ zugestutzt.
»Wir von der jüngeren Generation«, begann er, als wolle er eine Rede halten, »die nicht mehr das Glück hatten, am Krieg teilzunehmen, wissen trotzdem, was wir unseren Helden schuldig sind. Achtung!« schrie er plötzlich nach draußen. »SA und SS angetreten!«
Wir verließen die Baracke, und seine Leute spritzten heran. Und nun ließ er sie, inmitten der ganzen Zolluntersuchung und all der angstverstörten Flüchtlinge, vor mir antreten. »Wir ehren einen Helden des Weltkriegs 14–18«, brüllte er. »Heil Hitler!«
Eine Reihe von Braun- und Schwarzhemden hatte sich vor mir aufgebaut wie vor einem kommandierenden General, klappte die Hacken zusammen, daß der Dreck spritzte, und schrie mir ihr ›Heil Hitler!‹ ins Gesicht, als sei ich der Führer persönlich. Ich war plötzlich der große Mann der Grenzstation und kam mir vor wie der ›Hauptmann von Köpenick‹ in meinem eigenen Stück.
»Wo ist das Gepäck dieses Herrn?« kommandierte er. »Zuschließen. In den Schweizer Zug bringen!« Ich brauchte keine Hand mehr zu rühren. Der Koffer mit den Gedichten wurde gar nicht erst aufgemacht.
»Der Herr war noch nicht bei der Leibesvisitation«, sagte ein SA-Mann.
»Der Herr braucht nicht zur Leibesvisitation«, rief mein Beschützer, »der Herr ist abgefertigt!«
»Sie können in die Bahnhofswirtschaft gehen«, wandte er sich dann zu mir, »mit den andern haben wir noch stundenlang zu tun.«

So mußte ich als einziger von allen Passagieren nicht zu jener Prozedur, die, wie ich dann hörte, besonders für die Damen überaus peinlich war und von den Frauen der Wachleute oder Beamtinnen mit großer Roheit durchgeführt wurde.
Diese Geschichte hätte ich vielleicht nie genau erzählt, ich zögerte sogar, meiner Frau, als wir uns dann wieder trafen, die Einzelheiten zu berichten, weil mir das allzusehr nach einem Husarenstück, nach Aufschneiderei, nach selbsterfundener Bravour und Courage klang – wenn ich nicht einen Zeugen gehabt hätte. Es näherte sich mir nämlich plötzlich, während mein ›Freund‹ mich zur Bahnhofswirtschaft begleitete und diensteifrige Nazis mein Gepäck in den Zug trugen, um mir dort einen Platz zu belegen, ein mir unbekannter Herr und flüsterte mir zu: »Ich bin mit Ihrer Frau ins Ferienheim der Schwarzwaldschule gegangen, sie kennt mich gut. Meine Frau liegt mit einem gebrochenen Bein noch im anderen Zug, ich weiß nicht, wie wir hier wegkommen, sie ist Jüdin. Vielleicht können Sie mir helfen!« – Ich wandte mich an meinen Sturmführer, der gerade mit seiner Ablösung gesprochen hatte. »Ich kenne diesen Herrn«, sagte ich ihm, »er ist politisch einwandfrei. Seine Frau hat ein Bein gebrochen und kann nicht zur Kontrolle. Würden Sie mir den Gefallen tun, den Herrschaften behilflich zu sein?« – »Wenn Sie für die Leute gutsagen«, erklärte mein Gönner, »dann geht das in Ordnung.« Er gab einige Weisungen, und ich sah kurz darauf, wie eine Frau mit geschientem Bein, von ihrem Mann und einem Bahnbeamten gestützt, in den Schweizer Zug gebracht wurde.
Dieser Herr begegnete uns einige Tage später auf der Bahnhofstraße in Zürich und bedankte sich über-

schwenglich bei mir. So erfuhr meine Frau zum ersten Mal das Nähere von meinem Grenzabenteuer.
Jetzt war es noch nicht zu Ende. Ich saß in der Bahnhofswirtschaft. Die Stunden schlichen. Immerhin war ich endlich zu meinem Rotwein gekommen, und ich fühlte, daß ich seit Wien nichts mehr gegessen hatte. Aber ich hatte keinen Appetit. Ich war auch nicht müde, obwohl ich seit Tagen kaum mehr geschlafen hatte. Der Tag dämmerte bereits. Mein Puls klopfte mit dem Ticken der Uhr. Wenn man nur schon raus wäre. Jede Sekunde kann irgendeine neue Wendung bringen, jede neue Ablösung eines Grenzbeamten eine neue Verdächtigung, und die ganze Komödie war umsonst. Jetzt, wo ich schon fast gerettet war, spürte ich Todesangst.
Mein Nazi-Freund saß neben mir, vertrank meine letzten zwanzig Schillinge und schaute glasig. Immer wieder drückte er sein Bedauern aus, nicht mehr im Krieg gewesen zu sein, wo er sich hätte ›bewähren‹ können.
»Es wird schon noch einen geben«, tröstete ich ihn.
»Ja«, rief er begeistert, »trinken wir drauf!«
Ich sah ihn plötzlich, ohne Haß, aber auch ohne Mitleid, in einer Blutlache liegen, mit fahlem Gesicht, wie ich so viele gesehen hatte. Von Zeit zu Zeit kam ein SA-Mann hereingestürzt und meldete, daß sie wieder einen erwischt hätten, der zehntausend Schillinge im Schuh oder einen Brillanten im Hintern versteckt gehabt hatte.
»Na – hunzen wer' ma den! So an Saukerl!«
»Geht's nicht bald weiter?« fragte ich.
»Nicht so bald. Wir machen groß gründlich heute.«
»Dann bleiben wir noch gemütlich beisammen«, sagte mein Kumpan.
Der Himmel war glasgrün und wolkenlos, die Sonne

flimmerte auf dem Firnschnee, als der Zug die Grenze passierte. Die Schweizer Zollbeamten kamen herein und stießen freundliche Rachenlaute aus. Alles war vorbei. Ich saß in einem Zug, und er ging nicht Richtung Dachau.
Ich saß am Fenster und dachte: Jetzt solltest du dich wohl freuen. Oder wenigstens so etwas spüren wie Erleichterung. Aber ich spürte nichts. Nicht einmal Schmerz. Ich dachte nur: ich werde mich nie mehr freuen. Mir ist alles vollkommen gleichgültig – ob ich hier bin oder sonstwo in der Welt. Es wird nie mehr anders werden.

Doch es wird immer anders. Es wird immer anders, solange man lebt. Zwar heilt die Zeit keineswegs alle Wunden. Doch sie lehrt uns eine Dialektik der Metamorphose, des Sich-verwandeln-Müssens. Ihre These ist: der Lebenswille! Ihre Antithese: die Verzweiflung. Ihre Synthese ist die Freundschaft.
Man hörte damals oft die Anekdote von einem vielgereisten Engländer, der gefragt wurde, welches Volk er am liebsten möge: die Franzosen? »No«, sagte der Mann. Dann die Deutschen? die Italiener? vielleicht die Inder? die Russen? oder gar die Amerikaner? – es kam immer nur das gleiche, lakonische »No«. – So mögen Sie *nur* die Engländer? – »No«, sagte der Mann. »I like my friends.«
An diesen Satz kann man sich halten – obwohl ich für meine Person gestehen muß, daß ich für die Deutschen, sogar für ihre Fehler (ich spreche hier nicht von den Verbrechen, mit denen die Helfer und Knechte der Tyrannei unser Volk befleckten), eine unüberwindliche Schwäche habe, und daß ich mich immer und ohne

Einschränkung ihnen zugehörig fühle. Aber was hilft einem das, wenn man nicht mehr bei ihnen zu Hause ist? Man soll die Emigration nicht für einen Ausflug halten. Es gibt keine leichte Achsel, auf die sie zu nehmen wäre. Ist je ihre wirkliche, innere Misere geschildert worden? Daß Gott erbarm – wieviel Selbsttäuschung, vergebliche Hoffnung, falsche Zuversicht, zerbrochene Lebensmitte! Dabei hatten wir ein gutes Beispiel, wie man es nicht machen soll: das waren die Russen, die nach der Oktober-Revolution von 1917 geflüchtet waren und nun in allen Großstädten der Welt herumsaßen, ununterbrochen einander Gerüchte über den fortschreitenden Zerfall des Bolschewismus und sein baldiges Ende zutragend, und jedes Osterfest mit dem Trinkspruch begingen: zu Weihnachten sind wir daheim! Bis sie allmählich vergreisten. Aber diese russischen Emigranten waren überall ein wohlgelittenes Element. Aus dem Berlin der zwanziger Jahre, von dem ich mein Teil noch zu erzählen habe, sind sie gar nicht wegzudenken. Sie hatten etwas Vornehmes, auch als arme Teufel, und es ging eine gewisse tragische Würde von ihnen aus – sie wirkten wie verbannte Edelleute aus dem Dixhuitième, selbst wenn sie daheim nur Pferdepfleger, Kaffeehausmusikanten oder Kammerdiener gewesen waren.

Davon konnte bei unserer Emigration gar keine Rede sein. Von ihr ging nichts Nobles oder Bestechendes aus. Wir waren ungern gesehen, erweckten allenfalls Mitleid, mit einer leisen Verachtung gemischt, wenigstens als Kollektivum – denn die Welt hatte, bis in den Krieg hinein, vor Hitlers blendenden Erfolgen einen heillosen Respekt –, und wir brachten, als Kollektivum, ganz gleich ob Christ oder Jude, das alte deutsche Laster mit: die Zwietracht.

In Hollywood hieß es: wenn beim Beginn einer Filmproduktion ein Ungar dabei ist, dann sind am Schluß nur noch Ungarn dabei. Wenn aber am Anfang zehn Deutsche im Team sind, ist am Schluß nur noch einer drin. Gewisse Bindungen politischer Gruppen, der Kommunisten zum Beispiel, hielten sich vielleicht lebendig, nationale kaum. Dabei möchte ich behaupten, daß kein Deutscher seine Heimat vergessen kann, ganz gleich ob sie an der Oder und der Weichsel lag oder am Rhein und an der Donau. Selbst die, welche im fremden Land reüssierten und dort geblieben sind, tragen immer den Sprung im Herzen und die unsichtbare Last auf dem Genick. Und wir anderen werden die Folgen der Exilzeit nie ganz verwinden, ja wir pflegen sie, ob wir es wissen oder nicht, wie eine gewohnte, nicht mehr entbehrliche Krankheit. Die einzige Heilkraft, die es dagegen gibt, der einzige Halt in diesem lockeren Treibsand, ist die Existenz der Freunde. Der alten, angestammten, von denen es auch über Jahrzehnte hinweg keine Entfremdung gibt, und solcher, die plötzlich da sind, als hätte man sie schon immer gekannt, als wäre man schon vor der Geburt, in einem früheren Leben, mit ihnen verbunden gewesen.
Durch das Dunkel der Zeiten, durch Geschichte und Vorgeschichte des Menschengeschlechtes, ist die Sage der Freundschaft gesprengt wie die Lichterketten bewohnter Ortschaften und Straßen durch eine nächtliche Landschaft. Kastor und Pollux sind unter die Sterne versetzt. Der Gesang von Achill und Patroklos durchwärmt die blutige Kälte des zehnjährigen Ringens um Ilion. Das finstere Lied vom Untergang der Nibelungen im Hunnenland wird von der Freundschaftsballade der jungen Giselher und Volker erhellt. Aus dem Turmverlies in der Wachau hört Richard Löwenherz die Stimme des Sängers

Blondel. Es ist die Stimme, die reiner und klarer zu Herzen geht als der betörende Laut der Liebeswerbung, der Wohlklang des Minnelieds. Denn sie ist ohne Begierde. Die Leidenschaft ihrer Empfindung ist mehr als sinnliche Passion. Ihr Ziel ist nicht Besitz oder Erfüllung, sondern Beständigkeit, im fortgesetzten Vollzug der Treue. Die Geschlechterliebe kennt Treue nur in ihrer Heiligung durch den Ehebund, also durch ein Gelöbnis, eine Verpflichtung, ein geprägtes Sittengesetz, nicht aber aus ihrer ursprünglichen Natur. Die Freundschaft ist mit der Treue gleichbedeutend, sie ist ihr natürlicher Nährboden, das Blut in ihrem Aderngeflecht. Und wo sie versagt – nicht im Geschlechterkampf – steckt die Wurzel der Tragödie.

Denke ich an die hellsten und an die schwärzesten Stunden in meinem Leben und im Leben derer, die mir nahstanden, so ist die Freundschaft wie ein festes, sichtbarliches, unzerreißbares Band hindurchgeschlungen. In den guten Zeiten war sie eine Steigerung im gegenseitigen Geben und Empfangen. In den Zeiten der Not wurde sie zu einem Anker, dem letzten, an den man sich hielt, zur Lotsenschaft, manchmal zum Rettungsring, und immer, auch in den Niederbrüchen, auch im Geschlagensein, blieb sie ein irdisches Fanal, ein Feuerschiff, ein Signal im Nebel. Selbst wenn der Tod die Freunde von meiner Seite riß – ich habe das allzu früh erleben müssen, und es geschieht immer wieder –, so war und ist es jedes Mal, als wär's ein Stück von mir.

Da gibt es die hohe Freundschaft, die mit Verehrung beginnt und auf wechselseitigem Erkennen, Anerkennen beruht. Es gibt die zaghafte oder die stürmische Annäherung, zwischen Persönlichkeiten von verschiedenem Talent und Charakter, jene Anziehung der Gegensätze,

die erst ihre Prüfung bestehen muß und sich daran erhärtet. Es gibt die variablen Stufen der Kameradschaft, wie sie sich im Zug gemeinsamer Erlebnisse oder Gefährdung ergeben, manchmal mit ihren Gezeiten wieder verebbend, manchmal über den Anlaß hinaus zu echter Verbindung wachsend. Solche Begegnungen scheinen fast im Bereich des Zufälligen zu liegen – dessen, was uns im Wechsel der Lebensumstände zufällt – und ohne Norm zu sein, während in der verschworenen Brüderschaft mit Gleichgesinnten eine feste Regel, ähnlich der eines Ordens, besteht. Es gibt die kometenhafte Epiphanie neuer Freunde im rechten Augenblick, und es gibt die Abschiede. Die schmerzlichen und beinah festlichen Abschiede, wie wir sie erlebten, als wir Auswanderer wurden und uns von den zurückbleibenden Freunden, von manchen für immer, trennen mußten. Wie ein Herdfeuer, über dem man sich in einer Herbstnacht die Hände wärmt, ist die Freundschaft mit einfachen Menschen, mit Handwerkern, Holzfällern, Farmern, wie sie mir drüben im Land der ›Grünen Berge‹ zuteil wurde – mit denen uns kein geistiges Band vereint, sondern nur das gegenseitige Vertrauen, die männliche Achtung und damit auch die natürliche Distanz, in der eine große Gewähr von Haltbarkeit und Zuverlässigkeit beschlossen ist.
»Freunde in der Not« – man hört diese Sentenz mit dem ironischen Tonfall der Verbitterten, dem Gezeter der Enttäuschten, die nicht merken, daß sie sich selbst getäuscht hatten, und die Schuld bei dem andern suchen. Ich habe aus der Zeit, in der Teufelei und Verrat gang und gäbe waren und aus der von den meisten nur die schwarze Erinnerung an das Niederträchtige und Gemeine behalten wurde, eine WEISSE LISTE bewahrt, derer, welche im Schmelzofen der Prüfung bestanden

wie gutes Erz und die mit ihrem Leben und Sterben dafür gezeugt haben, daß es Bestand und Verlaß, Treue und Glauben gibt, über Völker, Klassen und Rassen, über alle Trennung und Spaltung hinweg.
Der Kanon im großen Chor gehört den toten Freunden. Wir haben sie verloren und hören nicht auf, zu trauern um sie, aber sie stehen immer mitten in unserem Lebenskreis: oft vernehmen wir ihre Stimmen, im Schlaf oder im Wachen; oft spüren wir den festen, gelassenen Druck ihrer Hand, mit keiner anderen Hand zu verwechseln oder zu vertauschen. Selbst wenn wir ihre Gräber nicht kennen, halten wir sie immer frisch. Sie sind mit uns, sie trinken aus unsrem Glas, und sie gehen durch unsere Stuben. Denn die Freunde sterben nicht.

»Die Schweiz« – so steht es in einer Erinnerung von Friedrich Engels aus den Sturmjahren 1848/49 – »zeigte damals den Emigranten ihre rauhe Seite.« Neunzig Jahre später, anno 1938/39, war diese Seite nicht zarter geworden. Ich werde nicht vergessen, wie ich in Zürich bei meiner ersten Anmeldung als politischer Flüchtling, dem die Schweiz ja traditionsgemäß Asylrecht gewährt, von der Fremdenpolizei in biederer Mundart angeschnauzt und behandelt wurde, als sei ich ein potentieller Betrüger, Schwindler, Scheckfälscher oder womöglich gar ein Kommunist. Wieviel Geld ich habe, ob ich ein Bankkonto nachweisen könne? Im Augenblick konnte ich das keineswegs. Solche Leut habe man hier nicht gern, warum ich denn nicht geblieben sei, wo ich hingehöre? Was ich verbrochen hätte (wörtlich), daß ich hätte weglaufen müssen? Ich sagte (da man mit politischen Bekenntnissen sehr vorsichtig sein mußte), daß meine Mutter jüdischer Abstammung sei. Das wäre kein

Grund, hieß es, wenn man nicht selber Jude ist. Und die Juden würden auch nur aus Feigheit wegrennen oder um draußen Geschäfte zu machen, denen passierte dort gar nichts, wenn sie sich anständig aufführten, es werde ihnen nur endlich einmal auf die Finger gesehen. Ich erwähnte die Besetzung Österreichs und die dort herrschenden Zustände. Aber ich sei ja gar kein Österreicher, hieß es, was meinem Paß nach auch stimmte – dann hätte ich doch ins Reich zurück sollen, wo es jetzt so gut geht, anstatt hier zur Last zu fallen. Ich werde niemandem zur Last fallen, sagte ich, und meinen Unterhalt schon verdienen. Aber nicht hier! schrie man mich an, hier hätte ich kein Recht zu verdienen! Da könne ja jeder herkommen und den Einheimischen das Brot wegnehmen! Ausweisen könne man mich vorläufig nicht, aber eine Aufenthaltserlaubnis könne ich nur kurzfristig und auf Widerruf erhalten. Dann werde man weitersehen; aber ich solle mir nur nicht einbilden, daß ich mich hier niederlassen dürfe! Damit war ich ungnädigst entlassen. Nun, das war eine gewisse Beamtenschaft; auch in Bern haben wir später bei einer Paßbehörde unverhohlene Ausbrüche von Antisemitismus und Sympathie für die Nazis erlebt. Im Waadtland, in der Suisse Romande, machten wir bessere Erfahrungen, allerdings dann schon unter Nachweis einer, in England verdienten, Geldsumme. Aber die Wege zu den Behörden, auch zu den verschiedenen Konsulaten, die ich wegen Hin- und Rückreise nach London oder Paris aufsuchen mußte, waren jedesmal Bitt- und Bußgänge.

Ganz anders, ganz entgegengesetzt, verhielten sich die einzelnen von Rang und Niveau, wie zum Beispiel der Schweizer Schriftsteller Caesar von Arx, den ich persönlich nicht kannte, der mir aber sofort alle Unterstützung und Hilfe anbot, die ihm sein Ansehen und Einfluß hier ermöglichten. Er hat dann auch den Dramatiker Georg Kaiser, der – obwohl längst unter Aufführungs- und Schreibverbot – immer noch in Potsdam lebte, herübergebracht. Auch der Schweizer Literaturprofessor Robert Faesi setzte sich rückhaltslos für die vertriebenen deutschen und österreichischen Dichter ein, die jetzt in der Schweiz Zuflucht suchten – und dann gab es den Kreis um das Zürcher Schauspielhaus, damals noch unter der Leitung des Weinhändlers Rieser, mehr noch seiner Frau, einer Schwester Franz Werfels, die alles taten, um den in Deutschland ausgestoßenen oder unerwünschten Künstlern neuen Boden zu bereiten. Unter dem späteren Direktor Oskar Wälterlin und seinem, selbst aus Deutschland emigrierten, Dramaturgen Kurt Hirschfeld – beide nicht mehr am Leben – wuchs dieses kleine Haus am ›Pfauen‹, mit seinen engen Sitzreihen und seinen bescheidenen Garderoben, weit über alles Provinzielle hinaus und wurde zur letzten Heimstätte freien deutschen Theaters. Dort fragte man nicht, ob einer rechts oder links, Katholik oder Kommunist, Christ oder Jude, nur ob er ein guter Künstler sei, und das Schweizer Publikum bewies, durch seine Liebe und Anhänglichkeit zu diesem Ensemble, daß seine Intelligenz und gewiß auch seine Mehrheit auf der richtigen Seite standen.

Wunderbar bewährten sich nun die Freunde. Kaum hatte ich Alexander Korda, dem Grandseigneur unter den Glücksrittern des Weltfilms, mitgeteilt, daß ich nach Zürich durchgekommen sei und dort meine Familie erwarte, als er mir – ohne daß ich ihn darum gebeten hatte oder daß er mir etwas schuldete, denn wir sollten uns über eine neue Arbeit erst verständigen – telegraphisch eine stattliche Summe in englischen Pfunden anweisen ließ. Wir würden das, sagte er mir am Telephon, später einmal verrechnen, aber erst auf den übernächsten Vertrag – ich solle nicht fürchten, daß er mir das beim nächsten sofort abziehen werde. Ohne das hätte ich tatsächlich auf dem Trockenen gesessen und nicht einmal meine Hotelrechnung bezahlen können; denn mein Verleger Bermann Fischer war selbst aus Österreich geflohen und nach Schweden unterwegs, um den Verlag neu aufzubauen. Am selben Tag erhielt ich ein Telegramm von Elisabeth Bergner, damals in London auf der Bühne und im Film gefeiert wie vorher in Berlin; sie hatte wohl durch Korda von unsrem Verbleib erfahren und fragte mich an: ob ich Geld brauche und wieviel. Diese unverzügliche Bereitschaft der Freunde, denen es besser ging, war in diesem Augenblick unendlich wohltuend. Natürlich machte ich mir nichts darüber vor, daß so etwas immer nur eine ›erste Hilfe‹ sein könne wie ein Notverband bei einem Unfall – wir hatten noch mehr solche Beweise der Hilfsbereitschaft – und daß es nun galt, einen ganz neuen Existenzkampf auf sich zu nehmen und zu bestehen. Dieses erste Jahr nach der Austreibung, von allem Emotionellen ganz abgesehen, war für mich eines der härtesten Arbeitsjahre meines Lebens: denn es handelte sich ja nicht um jene Arbeit, die mir Lebensinhalt ist, sondern um eine hartnäckige und hastige Fron für die Selbsterhaltung und das Weiterkommen. Ich habe in diesem einen Jahr – zumal es mir schließlich klar wurde, daß wir weiter mußten, daß in der schönen Schweiz unsres Bleibens nicht sei, daß ich die Mittel zur Überfahrt für eine fünfköpfige Familie, vier Menschen und einen mitgeschleppten uralten Hund, nach dem Land aller Hoffnung, Amerika, benötige – außer einer eigenen schriftstellerischen Arbeit sechs

Filmszenarios geschrieben, drei für London, eins für Paris, zwei für Amsterdam – und daß ich die Kraft und innere und äußere Ruhe zu dieser rasanten Arbeit fand, verdanke ich nur einem anderen Glücksfall – den ich vorher als die »Epiphanie neuer Freunde im rechten Augenblick« gekennzeichnet habe –, nämlich der Begegnung mit Pierre und Françoise Pelot, den Besitzern und Wirten des alten, herrlich altmodischen und traditionell gepflegten Gasthauses ›Belle-Vue‹ in Chardonne bei Vevey, etwa dreihundert Meter oberhalb des Genfersees. Wir kamen dahin auf Empfehlung des emigrierten Berliner Schriftstellers Ulrich Becher, dessen Mutter Schweizerin, dessen reizende Frau eine Tochter des alt-österreichischen Humoristen Roda-Roda war, des ›Herrn mit der roten Weste‹, die er zu jeder Art von Kleidung ostentativ zu tragen pflegte. Wir hatten ein Dutzend solcher Empfehlungen von ruhig gelegenen Orten in der Westschweiz, wo man damals noch verhältnismäßig billig leben konnte, und während ich ›auf Arbeitssuche‹ nach Paris, London und Amsterdam fuhr, zu Ophüls, Korda und Ludwig Berger, sah sich meine Frau nach einer passenden Unterkunft für uns um. Denn in Zürich konnten wir, von dem ›urschigen‹ Verhalten der Behörde abgesehen, nicht bleiben, obwohl wir rasch aus dem komfortablen Hotel in eine billige Pension übergesiedelt waren: dort war ein teueres Pflaster. Dieses Pflaster, auf dem man täglich den Schicksalsgenossen, den jüngst eingetroffenen Flüchtlingen begegnete, war die Bahnhofstraße – und wem allem ist man da begegnet! Jedesmal war es fast ein Aufschrei; denn keiner wußte ja vom andern genau, was in diesen verwirrten Tagen aus ihm geworden, wo er abgeblieben sei, und jedesmal erfuhr man eine Schreckensnachricht: Auernheimer ist in

Dachau. Friedell hat sich umgebracht. Louis Rothschild sitzt im Gefängnis. Rudolf Beer, Direktor des Wiener Volkstheaters, wurde zum Krüppel geschlagen, halb tot gequält und hat dann im Krankenhaus Gift genommen. Der und der ist an der Grenze verhaftet worden. Desto größer war die Freude über jeden einzelnen, der entkommen war. Zu den ersten gehörte Alfred Polgar mit seiner Frau. Dann kamen Hans Jaray und Lili Darvas, die schöne, elegante Reinhardtschauspielerin. Der große Albert Bassermann, den man mit allen möglichen Versprechungen hatte in Berlin halten wollen, war seiner jüdischen Frau wegen nun endgültig ausgewandert und schritt mit seiner geliebten Else in gelassener Traurigkeit zwischen dem See und dem Paradeplatz umher. Franz Werfel und Alma Mahler waren schon da und luden uns manchmal in eins der noblen Restaurants zum Essen ein. Jüdische oder politisch verfolgte Schauspieler tauchten auf, wie Karl Paryla aus Wien und, nach harten KZ-Jahren, Wolfgang Langhoff, der damals sein Buch ›Die Moorsoldaten‹ schrieb. Es war eine fortgesetzte Springprozession des Wiedersehens und der Begrüßung, was wir da auf der vornehmen Bahnhofstraße vollführten, und die Einheimischen, immer mit etwas verdrossenen Mundwinkeln, da sie ja gar keine Sorgen hatten, auf ihre Trambahn wartend, schauten befremdet zu, wie wir uns da umarmten und laute, aufgeregte Gespräche führten. Man hörte dort schon fast kein Züridütsch mehr, sondern nur noch reichsdeutsche oder österreichische Laute, ähnlich wie in manchen Cafés von Paris, in dem Londoner Vorort Hampstead und später in gewissen Gegenden von New York. Diese Emanation des gemeinsamen Schicksals war zunächst tröstlich und ergreifend, sie hatte aber auch etwas Belastendes, Depressives. Wir wollten keine ›Russen‹ werden, deren Gespräche immer um denselben Gegenstand kreisten, und deshalb, nicht nur aus Finanzgründen, galt es andere Gefilde aufzusuchen.

An Amerika dachten wir zuerst noch nicht. Damals hätte man das Einwanderungsvisum noch ohne besondere Schwierigkeit haben können, die Quote war noch nicht überfüllt. Unser Freund Franz Horch, in wohlbegründeter Furcht vor dem, was in Europa kommen werde, hatte sich bereits ein solches Visum beschafft und gleichzeitig die Eingabe für Franz Werfel und mich auf dem US. Consulate vormerken lassen. Als er aber um elf Uhr vormittags, wie vereinbart, in eine Bar kam, es war die alte Züricher ›Bodega‹ in der Fraumünsterstraße, um uns zum ›Anstellen‹ ins Konsulat abzuholen, fand er uns unter dem Einfluß von trockenem Sherry und gegenseitiger Aufmunterung völlig taub für seine Vorstellungen. Werfel deklamierte gerade mit seinem schwingenden Baß das Gedicht ›Die Auswanderer‹ von Freiligrath:

»Ich kann den Blick nicht von euch wenden;
Ich muß euch anschaun immerdar:
Wie reicht ihr mit geschäft'gen Händen
Dem Schiffer eure Habe dar ...«

Nein, sagten wir, wie störrische Kinder. *Eine* Flucht genügt. Wir sind Europäer und bleiben in Europa. Was sollen wir in einem Land, wo man Ketchup aufs Rindfleisch schüttet. Und wo unsere sprachliche Höchstleistung in dem Satz bestehen werde: »I am not able to express myself.«

Noch wiegten wir uns in dem Märchen von der uneinnehmbaren Maginot-Linie, die Hitler erst gar nicht angreifen werde, da die drohende und wachsende

Sowjetmacht in seinem Rücken für ihn einen Krieg mit dem Westen unmöglich mache. Es war ein halbes Jahr vor dem ›Münchner Abkommen‹, in dem England und Frankreich die Tschechoslowakei preisgaben und damit Rußland alleinließen, es waren nicht ganze anderthalb Jahre vor dem zweideutigen ›Nichtangriffspakt‹ zwischen Moskau und Berlin. Jetzt wollten wir lieber, als letzte Bollwerke der europäischen Kultur, in der Bodega sitzenbleiben, statt uns schon wieder auf eine Flucht zu begeben, zu der wir vielleicht gar nicht gezwungen wären.

Für diese Fahrlässigkeit mußten wir beide später den Preis zahlen: ich durch eine komplizierte Einwanderung über Kuba, Werfel mit einem gehetzten Sechstagerennen durch ganz Frankreich und über die Pyrenäen.

So kamen wir, im Mai dieses Jahres, in das hübsche, anheimelnde Dörfchen Chardonne, das, zwischen steil ansteigenden Weinbergen und unter der bewaldeten Höhe des Mont Pélerin gelegen, auf den Genfersee herabschaut. Als ich mit zwei verschiedenen Filmverträgen, einem Kilo Dunhill-Tabak und einem unvorstellbaren Arbeitspensum von meiner Reise zurückkam, hatte meine Frau schon im Gasthaus Belle-Vue zwei behagliche Zimmer gemietet, deren eines einen alten Steinkamin in der Ecke hatte. Vor jedem gab es eine geräumige Holzterrasse, von Glyzinien umrankt, und auf der meinen stand der Schreibtisch bereit. Es war ein großes, ländliches Steinhaus, in keiner Weise mit Schweizer Fremdenhotels vergleichbar, eher mit alt-französischen Provinzgasthöfen – in meinem Zimmer hängt noch heute ein Stich davon aus dem achtzehnten Jahrhundert, der es, nur mit niedrigerem Baumbestand, genauso zeigt, wie wir es damals fanden. Von den Terrassen der Gästezim-

mer aus sah man, zwischen mächtigen Pinien und Zedern hindurch und über den in Licht und Färbung täglich wechselnden See hinüber, die Kuppen des Dent-du-Midi und die Berge der Hautes Savoyes, auch den durch Hodlers prächtiges Gemälde berühmten ›Grammont‹.
Wieso es zwischen dem Ehepaar Pelot, den Wirtsleuten, etwa zehn Jahre jünger als wir, und uns zu einer so explosiven, frenetischen und ebenso haltbaren Freundschaft kam, und zwar innerhalb weniger Tage oder vielleicht nur Stunden, kann ich noch jetzt nicht erklären. Das sind Naturereignisse. Dabei sprach nur sie einige Worte Deutsch, er keine Silbe, und unser Französisch war keineswegs auf der Höhe. Erst später, nach dem Krieg, war mein Freund Pierre gezwungen, da er auf der Basler Messe die ›Caves Vaudoises‹, die waadtländische Weinproduktion vertrat, etwas Deutsch zu lernen, aber er gestand uns, daß er nur auf dem Klo Zeit habe, sich mit der deutschen Grammatik zu beschäftigen. Als ich einmal, nach seiner Rückkehr von einer solchen Geschäftsreise, erstaunt fragte, wieso er plötzlich einen deutschen Satz fast korrekt zustande bringen könne, antwortete er: »Ich 'abe Vers-topfung ge'abt.«
Jetzt aber, im Mai 1938, schoß da etwas ins Kraut, von dessen Fruchtbarkeit und Dauer wir alle vier noch keine Ahnung hatten. Wir waren, nach kurzer Zeit, mehr als Freunde, nämlich Verwandte geworden, und unsere Beziehung blieb durch all die Zeit wie die zu Bruder und Schwester. Die schöne Françoise – ihr Vater war Herrenschneider in Vevey, und ihre Familie stammte aus Sizilien – war damals guter Hoffnung, und zwar im letzten Stadium. Am 31. Mai brachte sie ihr zweites Kind zur Welt, Anne-Françoise, von ihrem Vater »Tit'anne« (Petite Anne) gerufen – aber man konnte auch denken, es

bedeute ›Titania‹, die Elfenkönigin. Sie war als Säugling so hübsch, daß ich mich in ihren ersten zahnlosen Wochen in sie verliebte, und obwohl man oft erlebt, daß allzu hübsche Kinder später häßlich werden, ist sie heute noch schöner. Wenn immer ich Zeit hatte, fuhr ich sie in ihrem Babywagen die Gartenwege entlang und sang ihr rheinhessische ›Kinderliedcher‹ vor. Kurz vor der Geburt, im neunten Monat, war ihre Mutter Françoise, mit ihrem hohen Leib und ihren vollen Brüsten, für meinen Begriff, den nicht jeder teilen mag, ein Bild vollkommener Fraulichkeit: ich hätte sie malen mögen. Dabei, wie ihr Gatte Pierre, immer heiter, mit einer sublimen Herzlichkeit für jeden Gast, und niemals müde, oder aber sie zeigte es nicht. Die beiden führten ihr Gasthaus, obwohl sie einiges Dienstpersonal und in der Hochsaison auch einen Koch hatten, größtenteils selbst – im Herbst, Winter und Vorfrühling besorgten sie auch die Küche, und sie trugen gemeinsam in dem freundlichen, lichten Speisesaal mit seinen großen Fenstern zur Landschaft das Essen auf. Die Gäste wurden auf patriarchalische Weise vom ›Patron‹ nach ihren Wünschen bedient, und Pierre schenkte den einheimischen Weißwein in so hohem Bogen ein, ohne je einen Tropfen zu verschütten, daß er wie Champagner in den Gläsern perlte. Dabei pfiff oder sang er ohne Unterlaß, ja er ging oft, in völliger Unbefangenheit, laut pfeifend durchs Restaurant und durch die Hausgänge, aber niemand fühlte sich dadurch gestört, auch nicht durch das hemmungslose Freudengeschrei, mit dem der dreijährige Sohn, »Jaquie Trésor« genannt, früh am Morgen über Flure und Treppen seinem Vater entgegenlief. Bald teil ten wir schon bei besonderen Gelegenheiten die Mahlzeiten mit der Familie – zu der auch die unvergeßlich liebe

und kluge Mère Pelot und zwei Schwestern des Hausherrn, Madeleine und Annie, die eine Gärtnerin und ›Vigneronne‹, die andere Diakonissin, gehörten – in der ›Lingerie‹, die eigentlich zum Plätten der Hauswäsche bestimmt war, an deren langgestrecktem Tisch man aber wie an einer Herrschaftstafel beisammensaß. Das unbekümmert laute, immer gutgelaunte Treiben im Haus ging uns keineswegs auf die Nerven, es hatte für mich sogar, auch bei der Arbeit, etwas Beruhigendes, wie wenn Vögel zwitschern oder Kuhglocken läuten. Uns lag es damals nicht, sehr viel von Henndorf, unserem verlorenen Paradies, und unserer Austreibung zu erzählen, aber die beiden ahnten und wußten alles. Als ich dann aus London eine mir von einer liebenswürdigen Dame geschenkte, gute Gitarre mitbrachte – meine alte, ein wertvolles Instrument, war bei der ›Haussuchung‹ in Henndorf aus Bosheit zerschlagen worden –, saßen wir lange Abende musizierend beisammen, Pierre sang, zweistimmig mit seiner Frau oder seiner Schwester Madeleine, die schönen französischen Volkslieder des Landes – und es kehrte in unser verstörtes Leben eine Heiterkeit, Zuversicht, ja ein ›Sich-zu-Hause-Fühlen‹ zurück, wie wir es kaum hätten erwarten dürfen. So wurde dieses erste Jahr der Emigration, vor der Ausfahrt über das große Meer, ein Rückhalt und eine Stärkung aller inneren Kräfte: noch waren wir nicht entwurzelt – und noch nicht ›vis-à-vis de rien‹. Das sollte uns erst für später vorbehalten sein.
Nun hatten wir ja in dieser Gegend viele Ahnen – die Ufer des Genfersees waren ein traditioneller Boden, fast eine Heimat der europäischen Emigrationen. Es gab, durch die Jahrhunderte hindurch, kaum ein Volk – Franzosen, Engländer, Iren, Italiener, Deutsche, Russen –,

dessen Flüchtlinge hier nicht einmal für längere oder kürzere Zeit Rast und Zuflucht gefunden hätten. In Vevey ist eine Tafel an dem Haus, in dem Rousseau gewohnt hat, und Victor Hugo hat sogar in seinen Emigrationsjahren in dem gleichen Gasthaus ›Belle-Vue‹ in Chardonne gehaust, in dem wir jetzt lebten, und einen alten Koffer dort zurückgelassen. Während des Ersten Weltkriegs saßen die französischen Pazifisten, Barbusse, Marcel Martinet und der in Frankreich zum Tod verurteilte Henri Guilbaux, in Genf, auch Lenin und Trotzkij waren eine Zeitlang dort, dann die von ihnen verjagten Führer der Menschewisten und Sozialrevolutionäre. Man hatte Schicksalsgenossen und Vorfahren fast über ein Jahrtausend hinweg. Bei einem meiner ersten Spaziergänge von Chardonne durch die Weinberge zu dem altertümlichen Dörfchen St. Saphorin fand ich, am Eingang des Ortes, das in Stein gemeißelte Wappenschild des Kanton Vaud, mit den grün und weißen Landesfarben bemalt und mit dem Wahlspruch: ›Liberté et Patrie‹ – der waadtländischen Kantonsdevise. Ich stand lange davor. Freiheit und Vaterland, dachte ich, wo das vereint wäre, wo man beides zusammen hätte, dort könnte man leben. Und vielleicht wird diese Vereinigung doch eines Tages auch dem unglücklichen Deutschland zuteil. Ich schäme mich nicht zu sagen, daß mir die Tränen kamen – ich glaube, zum ersten Mal seit meiner Flucht.

Der Höhepunkt dieses arbeitsreichen Sommers war die Goldene Hochzeit meiner Eltern. Jahre hindurch hatten sie sich darauf gefreut, diesen Tag mit uns in unserem Henndorfer Heim feiern zu können, dessen Gästehäuschen ja für sie gebaut war. Das gab es nicht mehr. Jetzt versuchten wir alles, um ihnen die Einreise für einen Besuch in der Schweiz zu verschaffen – was auf große

Schwierigkeiten stieß. Man hatte damals mehr Angst vor neuen Emigranten als heute vor Tollwut- oder Typhusbazillen; und auch dafür muß man Verständnis aufbringen, denn es ist ja für ein kleines Land, das im Kriegsfall für seine eigenen Bürger die größten Versorgungsprobleme hat, nicht so einfach, außerdem noch für einen Strom von Flüchtlingen aufkommen zu müssen. Meine Eltern, dies sei hier eingefügt, wollten unter keinen Umständen emigrieren. Natürlich hatte ich es ihnen angeboten. Mit meinen zweiundvierzig Jahren empfand ich die Kräfte und die Entschlossenheit, auch noch für ihre Existenz mit aufzukommen, zumal ich nicht ahnte, wie schwer das dann in Amerika gewesen wäre. Aber mein Vater wollte nicht mittellos und vom Sohne abhängig in die Fremde gehn, selbst wenn ich in besseren Verhältnissen gewesen wäre; er hing mit allen Fasern an seiner Heimat, und es war ihm ein unerträglicher Gedanke – er war damals ein Siebziger –, im Ausland zu sterben. Dennoch hätte er es vielleicht meiner Mutter wegen getan – aber die wollte erst recht nicht. Sie hatte die unbrechbare Zuversicht, daß ihr nichts passieren werde, obwohl sich kurz vorher einer ihrer Brüder, wie sie selbst christlicher Religion und ein angesehener Jurist, Amtsgerichtsrat, in Mainz das Leben genommen hatte, als man ihn, einen Junggesellen, aus seiner Wohnung und zum Abtransport zwecks ›Umsiedlung‹ in ein Massenquartier verwies. Sie aber fühlte sich durch die fünfzigjährige Ehe mit einem ›Arier‹ geschützt, was sich dann auch bewährte; aber was ihr hätte geschehen können, wenn mein Vater die Schreckenszeit nicht mit ihr überlebt hätte, ist mir noch heute ein Alptraum. Ein anderer Bruder von ihr war im Ersten Weltkrieg, 1914, für Deutschland gefallen, und der dritte hatte das Glück, an

einer Krankheit zu sterben, bevor ihm Demütigung oder Schlimmeres hätte widerfahren können. Vor allem wollte sie meinen Vater, der damals schon fast erblindet war, nicht dem ungewissen Schicksal der Landesflüchtlinge aussetzen und war fest entschlossen, mit ihm zu Hause auszuhalten – was auch kommen möge. Die Trennung von beiden Söhnen – mein Bruder lebte schon seit einigen Jahren als Leiter der staatlichen Musikschulen in der Türkei – war für sie unerträglich; aber so war, für Unzählige, das ganze Leben in dieser Zeit. Mit Hilfe jener bewährten und auch der neu gewonnenen Schweizer Freunde gelang es uns tatsächlich, die Behörden zu überzeugen, daß sie nur als ›Touristen‹ und nicht als Asylverlangende einreisen wollten.
Nie werde ich die Feier vergessen, die wir für sie, allein durch die Liebe, die Zartheit, die unbegrenzte Herzensbereitschaft unserer Freunde Pelot, in Chardonne veranstalten konnten. Und dabei kannten wir sie erst seit weniger als zwei Monaten! Pierre, der Gastwirt, wußte ziemlich genau, wie es um meine Kasse stand. Ich bin überzeugt, daß er mir für die Köstlichkeiten, die er aus Küche und Keller zur Tafel in dem kleinen ›Fumoir‹, einem intimen Salon, aufgeboten hatte, höchstens die Hälfte seiner eigenen Unkosten berechnete, obwohl er das heftig bestritt. Aber ich wußte ja, was frische Langusten, Filet de Boeuf, Burgunder und Champagner kosteten. Es war recht eigentlich eine Einladung, die sie uns gaben. Mein Bruder war aus der Türkei gekommen, am Morgen sangen wir mit den Kindern vor der Schlafzimmertür des ›goldenen Paars‹ einen von ihm komponierten Kanon. Die beiden Stühle, die zum Festmahl für meine Eltern bestimmt waren, hatten die Pelots mit vergoldeten Kornähren und mit Rosen geschmückt. Nichts fehlte als

die Heimat. Und die hatten wir an diesem Tag alle in unseren Herzen. Spät am Abend stand mein Vater, der sonst nicht gern Reden hielt, mit einem Glas in der Hand auf und wandte sich an seine Söhne, meinen Bruder und mich. Seine kurze Rede war die schönste, die ich je gehört habe. »Ihr Buwe«, so ungefähr sagte er in seinem Mainzer Dialekt, »seid heute ohne eure Schuld aus eurem Land vertrieben. Laßt euren Mut nicht sinken, und bewahrt euren Stolz und eure Zuversicht, denn ihr seid gute Buwe. Ihr habt das nicht um euer Land verdient. Aber behaltet es lieb, trotz allem. Und jetzt sage ich euch, das weiß ich in diesem Augenblick, es wird alles wieder anders werden, ihr werdet eure Heimat wiedersehn und geehrt und geachtet sein, wie euch das gebührt. Darauf wollen wir trinken.«
Wir umarmten einander und wußten nicht, daß es ein Abschied war – für lange Jahre.

Was alles sich an Erlebnissen und Ereignissen in einem einzigen Jahr zusammendrängen kann, ist kaum zu fassen. Wollte ich die Spanne vom Frühling 1938 bis zum nächsten, von unserer Austreibung aus Österreich bis zu der endgültigeren aus Europa, mit all ihren Tief- und Höhepunkten, mit allem Hin und Her, mit allen Erschütterungen und Erhebungen, allen Begegnungen, all meinen, manchmal recht abenteuerlichen, Zwischenstationen in Paris und London schildern, es würde allein zwei dicke Bände, mindestens, in einer unendlichen Geschichtenserie füllen. Aber hier geht es nicht um eine ›récherche des temps perdus‹, auch nicht um ›les neiges d'antan‹. Es geht um die Horen der Freundschaft, um die geheiligte Erinnerung an das, was unvergänglich bleibt und was, auch wenn der Teufel hineinspuckte, für mich zu einem Quell des Glaubens und des Vertrauens geworden ist – trotz alledem. Und der Teufel unterließ nichts, um kräftig und ausführlich hineinzuspucken.

Dazu gehörte der katastrophale und, wenn man das sagen darf, da man es besser nicht weiß, völlig sinnlose Tod unseres Freundes Ödön von Horváth. Ich habe dazu keine Sentenzen irgendwelcher Art anzubieten, er ist für mich keinerlei Beweis, weder für existentielle Ausweglosigkeit noch für das Gegenteil. Ich kann nur berichten, was geschah, und ich will es genau tun, da so viele falsche oder halbwahre Darstellungen darüber verbreitet worden sind.

Für mich beginnt die Geschichte am Freitag vor Pfingsten, nachmittags. Wir hatten schon eine Woche vorher Ödöns Besuch erwartet, er wollte eine Zeitlang hierbleiben, um sich dann entweder in dieser Gegend oder in der Nähe von Zürich einen passenden Ort zum Arbeiten zu suchen. Wir hofften, daß ihm Chardonne zusage, daß er, wie in Henndorf, wo er während der letzten Jahre die meisten seiner größeren Arbeiten geschrieben hatte, wieder in unsrer Nähe bleiben werde, und freuten uns auf seinen Besuch. Dann bekamen wir von ihm ein Telegramm, aus Amsterdam, er müsse zuerst nach Paris und werde am Pfingstsonntag bei uns eintreffen. Das Zimmer für ihn war bereit.

An diesem Freitag – es war die Zeit der wilden Narzissen, die droben auf den stillen Waldwiesen des Mont Pélerin in Massen blühten und dufteten – war ich am frühen Nachmittag mit meiner Tochter Winnetou auf den Berg gegangen, um Blumen für die Sonntagstafel, auch für Ödöns Zimmer, zu pflücken. Das Wetter war gut, wenn auch etwas drückend, wie manchmal vor Gewittern, doch ohne besondere Anzeichen für einen

Sturm. Ich war mit dem Kind allein mitten auf einer größeren, waldumsäumten Wiese, als plötzlich, von Westen, also von Frankreich her, mit unheimlicher Eile schwarzes Gewölk heranbrauste, und nach kaum einer Minute pfiff, heulte, tobte ein Regensturm über uns her, daß man im Wald die Bäume krachen hörte und sein eignes Wort nicht mehr verstand. Ich bin sonst durch Naturgewalten nicht leicht zu erschrecken, und ein kräftiges Gewitter, auch wenn ich mitten hindurch muß, erfüllt mich eher mit einer gewissen Lustigkeit. In diesem Fall, vielleicht weil ich das Kind bei mir hatte, bekam ich's fast mit der Angst, und wir rannten, so rasch es ging, zu einem geschützt gelegenen Heustadel, um dort Unterschlupf zu finden. Es ist keine nachträgliche Einbildung, daß ich bei diesem Sturm mit seinen jähen Blitzen und hart fallenden Donnerschlägen ein merkwürdiges Gefühl von Bedrohnis, von einer unheimlichen Gefährdung hatte, obwohl wir in verhältnismäßiger Sicherheit waren. Dies war der gleiche Sturm, der vom Atlantik her über ganz Frankreich hingegangen war und etwa eine Stunde oder eine halbe Stunde vorher Paris heimgesucht hatte. Kurz nachdem wir in unser Hotel zurückgekommen waren, wurde ich ans Telefon gerufen. Der Anruf kam aus Paris, von einem der gemeinsamen Freunde, der mir mitteilte, Ödön sei tot. Er müsse während des Gewitters auf der Straße verunglückt sein und sei in die Morgue verbracht worden, Näheres wisse man noch nicht. Seine Eltern seien verständigt.

Die Vorgeschichte dieses Unfalls war sehr seltsam. Die Reise nach Paris war eigentlich von ihm nicht geplant, er wollte direkt von Amsterdam, wo er mit den Emigrationsverlegern Landshoff und Landauer wegen seines neuen Romans verhandelt hatte, in die Schweiz fahren.

In diesen Tagen machte in Amsterdam ein Hellseher (nicht, wie geschrieben wurde, eine Wahrsagerin) viel von sich reden, und es war eine Art von Mode geworden, besonders unter Intellektuellen, ihn aufzusuchen, wenn auch nur aus Neugier oder zum Spaß. Für Ödön, dem ein besonderer Sinn für alles Skurrile und Absonderliche innewohnte, der keinen Jahrmarkt unbesucht ließ und ein Stück unter Liliputanern angelegt hatte, war das natürlich ein Fressen, er erwartete sich wohl so etwas wie den ›Zauberkönig‹ in seinen ›G'schichten aus dem Wienerwald‹, und er ging, gemeinsam mit einem Bekannten, am Tag vor seiner geplanten Abreise dorthin. Nun sei der Hellseher, ich erfuhr das von jenem Augenzeugen, beim Eintritt Ödöns in eine ganz eigentümliche Erregung verfallen, die sich zu einer Art von Trance steigerte, und habe ihm in diesem Zustand immerzu wiederholt: »Sie müssen nach Paris. Sie müssen unbedingt nach Paris, und zwar sofort. Es erwartet Sie dort« – was, konnte er nicht sagen, aber er wiederholte auch das immer wieder – »das entscheidende Ereignis Ihres Lebens.«

Damals stand Ödön gerade in Korrespondenz mit dem Filmregisseur Siodmak, der seinerseits auf dem Weg nach Hollywood in Paris Station gemacht und Interesse an einer Verfilmung von Ödöns Roman ›Jugend ohne Gott‹ bezeigt hatte. Auch er hatte ihm nahegelegt, wenn möglich zu einem Gespräch nach Paris zu kommen. Ödön hatte das bisher nicht allzu ernst genommen, Filmleute wollen immer mit jemandem über etwas sprechen, was nachher doch nicht zustande kommt, und es stand noch kein festes Angebot dahinter. Jetzt aber war er durch die Ekstase dieses Hellsehers fasziniert. Vielleicht sieht er wirklich hell, sagte er zu seinen Amsterdamer Bekann-

ten, vielleicht ist es das, was er meint – eine Verfilmung in Hollywood könnte tatsächlich das entscheidende Ereignis im Leben eines emigrierten Schriftstellers bedeuten. So fuhr er hin.
Ich habe wenige Tage nach seinem Tod, als ich zu seinem Begräbnis nach Paris kam, also noch aus der unmittelbaren Erinnerung, seine verschiedenen Freunde erzählen hören, daß er an diesem Tag, wie von einer unerklärlichen Unruhe getrieben, bald den, bald jenen aufsuchte, nirgends blieb, ohne besonderen Grund gleich wieder weiterging und im Lauf des Vormittags fast die ganze Stadt durchmaß. Mit Siodmak und dessen Frau war er zu einer frühen Nachmittagsvorstellung in einem Kino der Champs Elysées verabredet, wo man den gerade in Europa anlaufenden Disney-Film ›Schneewittchen‹ gab. Die Siodmaks hatten bereits die Karten genommen und erwarteten ihn an der Kasse. Draußen hatte der Sturm eingesetzt. Er erschien, völlig durchnäßt, im letzten Moment vor Beginn der Vorstellung, aber nur, um zu sagen, er könne nicht mit ins Kino gehn, sie möchten seine Karte zurückgeben, er habe etwas Dringendes vor. Gleich darauf lief er wieder in den peitschenden Regen hinaus. Er muß dann rasch die breite Straße überkreuzt haben und am ›Rond Point‹, einem von hohen Bäumen umstandenen Rondell, entlanggegangen sein. Dort krachte der schwere Ast eines im Sturm geborstenen Baumes auf ihn herab, traf ihn am Hinterkopf und im Nacken – er war auf der Stelle tot. Es handelte sich nicht, wie es in Berichten hieß, um eine Kastanie. Damals standen am Rond Point noch einige Ulmen, ich habe dann selbst die noch nicht weggeräumte, halb entwurzelte Ulme gesehen, die ihn erschlagen hatte. Ulmen sind Bäume, denen ein Hauch von Verhängnis anhaftet. In

Europa waren sie schon seit einiger Zeit durch eine rätselhafte Erkrankung, die sogenannte Ulmenpest, zum Aussterben verurteilt, nur wenige haben sich inzwischen erholt und neue Bestände gezeitigt. Im östlichen Amerika umstehen sie düster und feierlich die einsam gelegenen Farmhöfe.
Auch erinnern sich alle näheren Freunde Ödöns, daß er schon immer eine Phobie vor möglicherweise auf ihn herabfallenden Gegenständen hatte. In den Städten schlug er große Bögen um jeden Neubau. Er hat öfters geäußert, er werde einmal von einem Dachziegel erschlagen werden. Was an alledem zufällig, was ursächlich ist, entzieht sich menschlicher Beurteilung.
Doch übten diese Vorzeichen, besonders in der verschatteten Atmosphäre der Emigration, eine sinistre, verstörende Wirkung aus. Jeder fühlte sich von diesem Schicksal eines der Hoffnungsvollsten betroffen, als sei ihm selbst wieder ein Stück Hoffnung geraubt. Und wenige Menschen waren so geliebt, von Frauen, Freunden, Kindern, kaum einer hatte so wenig persönliche Feinde wie dieser mit kaum siebenunddreißig Jahren Hinweggeraffte. Wenn diese Niederschrift nur den paar Dutzend Literaten und Theaterleuten in die Hand käme, die Bescheid wissen – was ich nicht hoffen will –, so müßte ich die in Umrissen bekannte Geschichte hier nicht erzählen. Aber ich fürchte, daß der Name dieses Dichters, der sich nicht vollenden durfte, heute in weiten Kreisen unbekannt ist. Er war, nach Brecht, die stärkste dramatische Begabung in dieser Zeit. Und doch ist von ihm kein Werk zurückgeblieben, das auf die Dauer zum klassischen Bestand der deutschen Literatur zählen wird. Er gehörte nicht zu den Früh-Vollendeten, wie Kleist oder Büchner, von deren Genius er den Keim in sich

trug. »Alles an ihm« – so sagte ich in meiner Rede an seinem Grab – »war Anfang, Anstieg, versprechendes Beginnen. Das Werk, das er uns hinterließ, war die Skizze, der Entwurf, die geheime Planung zu einem größeren Werk von haftender Schönheit und Bedeutung, das ihm zu schaffen nicht mehr erlaubt wurde.«
Seine Eltern, die wir vor Jahren schon in Berlin kennengelernt hatten, waren der Anlaß, daß wir – trotz schwieriger Umstände – nach Paris fuhren. Sie hatten mich von dort, durch seinen Bruder Lajos, bitten lassen, an seinem Grab zu sprechen, und da ich dachte, daß es ihnen ein Trost sei, sagte ich zu. Wir wurden am Bahnhof von Walter Mehring abgeholt – einem meiner liebsten Freunde aus den frühen Berliner Jahren, dessen für das politische Kabarett konzipierten Verse weit über Brettl-Dichtung hinausgingen und etwas Genialisches hatten –, auch er war mit Ödön eng verbunden; er war einer der Letzten, die mit ihm gesprochen hatten. Mehring brachte uns in das kleine, in seiner Schäbigkeit pittoreske und sehr ›pariserische‹ Hotel im Quartier Latin, in dem er selbst und einige Bekannte wohnten, in dem auch Ödön – und jetzt seine Eltern und sein Bruder – Quartier genommen hatten. Es lag in einer Gasse des damaligen Marokkaner- und Araberviertels, in den Souterrains der Nebenhäuser sah man durch die offenen Ladentüren Orientalen verschiedenen Alters und Geschlechts beim Teppichknüpfen oder sonstigen fremdartigen Tätigkeiten. Das Zimmer ging auf einen Hof hinaus, in dem Arbeiter mit blauen Blusen unablässig an irgendwelchen Kanalisationsröhren herumhämmerten. Man mußte auch bei Tag die schwache elektrische Birne einschalten, die ohne Schirm an der Decke hing. Ebenso makaber, aber durchaus im Stil einer Horváthschen Komödie, waren

verschiedene kleine Vorfälle, die diese Trauertage umrankten. So hatte sich ein schwarzgekleideter Herr bei den Leidtragenden als ›Bestattungs-Spezialist‹ eingeführt und einige Vorschüsse für die nötigen Arrangements kassiert, der sich dann als ein von der Polizei gesuchter Schwindler entpuppte und prompt verhaftet wurde, da er keinerlei Berechtigung besaß, dieses Geschäft auszuüben: aber tatsächlich hatte er schon einige der von ihm versprochenen Vorbereitungen in die Wege geleitet.
Wir sahen den toten Freund noch einmal, aufgebahrt im Sarg. Da ihn der Schlag von rückwärts gefällt hatte, war sein Gesicht unverändert, nur gelblich bleich. Doch er sah schön aus, furchtbar still, und schien etwas ironisch zu lächeln. Die Mutter beugte sich, bevor der Sarg geschlossen wurde, mit ausgestreckten Händen zu ihm nieder, als wolle sie ihn herausholen – eine Geste, die ich oft vor mir sehe und die mir immer gegenwärtig blieb.
Auf groteske Weise mischte sich bei diesem Begräbnis die Tragödie mit dem Satyrspiel. Wir fuhren, nach den Exequien in einer katholischen Kirche der Innenstadt, in einem langen Zug von Taxis zu dem weit entfernten, in der Nähe des Nordbahnhofs gelegenen Friedhof – die ganze in Paris lebende Emigration, von der die meisten heillos untereinander zerstritten und verfeindet waren. Es hatten sich schon bei unserer Ankunft die verquertesten Gespräche abgewickelt, wobei es um die Reihenfolge der Grabredner ging: denn außer den von der Familie ausdrücklich dazu aufgeforderten, das waren Werfel, Mehring und ich, wollten alle zu Wort kommen, die fanden, bei einer solchen Gelegenheit gehört werden zu müssen. Es war eine beträchtliche Menge, und unter ihnen ging es darum, wer wem den Vortritt zu lassen habe oder wen wer zu beleidigen fürchtete, wenn er

zuerst redete. Ich schlug alphabetische Reihenfolge vor – für mich am günstigsten, weil ich dann zuletzt kam, denn ein Zweig, Stefan oder Arnold, war nicht anwesend. Es war nur noch ein Grabplatz am äußersten Ende des Friedhofs frei gewesen, und so bewegte sich nach dem Verlassen der Taxis die ganze Trauergesellschaft durch den weitläufigen Gottesacker, bis dahin, wo er kahl und baumlos wurde. Hinter dem Sarg schritten die Eltern, ein ernstes, würdiges Paar, der Vater und Ödöns einziger Bruder, den er sehr geliebt hatte, stützten die fast zusammengebrochene Mutter. Dann kam, neben dem französischen Priester, ein ungarischer Kaplan, mit der Familie befreundet, der aus Budapest hergeflogen war. Dahinter zwei junge Frauen, die sich um den Rang als Ödöns letzte Geliebte stritten. Und dann kamen wir – eine jammervolle Schar zerzauster Vögel, auch soweit wir noch gute Kleidung und ungeflickte Halbschuhe trugen. Da hinkte Rudolf Leonhardt, ein heute ziemlich vergessener Autor des frühen Expressionismus, an einem Stock, da gingen viele mit jenen undefinierbaren verschabten Schals um den Hals, wie sie den Beginn der Verelendung kennzeichnen, da wankte Joseph Roth, der verehrte Dichter, total betrunken, wie gewöhnlich in dieser Zeit, mit bekleckertem Anzug, auf zwei jugendliche Bewunderer gestützt. Und auf alles das troff unablässig der Pariser Regen, den man so gern als silbrig bezeichnet. Doch war er nur naß und schmutziggrau.
Dort, wo das Grab aufgeschaufelt war, an der fernsten Ecke des Friedhofs, führten draußen die Gleise eines Rangierbahnhofs vorbei; und während nun die längeren oder kürzeren Reden abrollten, hörte man ohne Unterlaß das Rattern und Bremsenkreischen verschobener Güterwagen und das laute Rufen und Schreien von

Bahnarbeitern, die einander Weisungen gaben, aber auch lachten, ihre Witze rissen oder über Distanzen ihre Verabredungen trafen: »Où vas-tu, Gaston?« – »Au Bistro! Viens pour un verre!« – »Entendu«, – und so weiter, mit hallenden Stimmen, welche die weniger stimmbegabten Redner übertönten. Ödön, dachte ich, würde sich, wenn er noch am Leben wäre, totlachen. Zum Schluß trat der kleine, unscheinbare Kaplan ans Grab, nahm ein Papiersäckchen aus der Tasche, schüttete den Inhalt auf den Sarg hinunter und sagte mit leiser Stimme: »Erde aus Ungarn.« Aber jeder hörte ihn. Es schien, als sei es auf den Rangiergleisen plötzlich ganz still geworden.

Wir feierten das Weihnachtsfest, unser erstes, seit wir kein eigenes Heim mehr hatten, in der ›Belle-Vue‹ zu Chardonne; aber die frohe Stimmung und das häusliche Glück der Familie Pelot ließen bei uns keine Wehmut oder Trauer aufkommen: wir nahmen an dem ihren teil, als sei es das unsere, und mir begann zu dämmern, daß es unter Menschen, wie im religiösen Bereich, eine Art von ›Stellvertretung‹ gäbe, im Schmerz und in der Freude, die mehr bedeutet als Mitgefühl oder Teilnahme. Daß diese Stellvertretung, nicht die bare Interessengemeinschaft, die eigentliche Wurzel aller humanen Evolution sei, sowohl im Sinn des sozialen Kontrakts wie in dem des Völkerfriedens. Auch die Silvesternacht und die Jahreswende begingen wir zusammen. Es lag recht viel Schnee, ich ging mit Pierre skilaufen, wann immer wir etwas Zeit hatten, und in der frühen Dunkelheit rodelten wir mit den Kindern die damals noch wenig, bei Schnee fast gar nicht befahrene, kurvenreiche Hauptstraße hinunter, bis zur Station der ›Funiculaire‹ in Vevey, mit der wir dann wieder hinauffuhren.

Zu Anfang des Herbstes hatte ich in Zürich, wo man die Aufführung meines Bellman-Stücks vorbereitete, die ›tschechoslowakische Krise‹ erlebt, die sich dann matt und schwächlich in jener ominösen ›Münchner Konferenz‹ auflöste, von welcher Chamberlain, Englands Premierminister, mit dem Ausruf »Peace for our time!« nach Hause kam, wobei er ein Papier mit Hitlers und Mussolinis Unterschriften schwenkte. Dies war das erste, folgenschwere ›appeasement‹. Man hatte Hitler freie Hand gegeben, und er steckte sie nicht in die Tasche, wenigstens nicht in seine eigene.
Es waren beklommene Tage. In Zürich wurde, probeweise, eine Verdunkelung der Stadt angeordnet, die Sirenen heulten, die Lichter gingen aus, und die einheimische Jugend empfand das alles als einen kolossalen Jokus, man zog lachend und johlend in den Straßen herum oder nutzte die Finsternis, wie sollte man auch anders, zu amourösen Lustbarkeiten. Aber selbst mir, der ich bisher immer noch zu Illusionen geneigt hatte, wurde jetzt klar, daß die Lawine, wenn auch mit Verzögerung, im Rollen war. ›Mit Verzögerung‹ bedeutet bei Haubitzgranaten, daß sie sich erst in die Erde eingraben, um dann mit umso größerer Sprenggewalt zu explodieren. Zwar kamen Freunde aus Deutschland und erzählten, daß in Berlin bei der während der Krisentage angeordneten Teil-Mobilmachung die Reservisten geschimpft und die Leute sich äußerst niedergedrückt und widerborstig gezeigt hätten, daß von Kriegswillen oder -begeisterung im deutschen Volk keine Rede sei. Uns konnte das jetzt nicht mehr täuschen. Wir wußten, daß die Stimmung des Volkes für die Diktatur im Ernstfall keine Rolle spielt, und daß die Propaganda die Menge schon auf Trab und Vordermann bringen würde, wenn es soweit sei. Ich

zweifelte nicht daran, als mein Stück ›Bellman‹ in Szene ging, daß dies meine letzte Aufführung an einem deutschsprachigen Theater sei – vielleicht überhaupt die letzte. Es war, mit Wälterlin, Hirschfeld, dem Regisseur Leopold Lindtberg und den Schauspielern, noch eine schöne, beschwingte Theaterarbeit. Am Sonntag vor der Premiere veranstalteten wir im Zürcher Schauspielhaus eine Matinee, wobei der Berner Professor Hans Fehr, mir von der Heidelberger Studienzeit wohlbekannt und gewogen, einen Vortrag über den ›Villon des schwedischen Rokoko‹ hielt und ich zur Gitarre, die ich damals noch recht gut spielte, Bellmans anakreontische Lieder, aus den ›Gesängen‹ und den ›Episteln‹, vortrug. Else Lasker-Schüler (ihre Dichtungen sind unvergessen), die auch als Emigrantin in Zürich lebte und schon bei meiner ersten Uraufführung in Berlin dabei gewesen war, kam hinter die Bühne und war von diesen Liedern so entzückt, daß ich ihr den ganzen Nachmittag weiter vorspielen mußte. Man feierte und genoß noch das Zusammensein mit den Freunden, wo und wann immer es sich bot, so in der Nacht nach der Premiere, bis in die Morgenfrühe, und war sich dabei bewußt, daß dieser symposionale Tanz auf dem Vulkan stattfand.
Auch hatte ich bei meinen verschiedenen Besuchen in Paris und London während dieses Jahres erfahren müssen, was für eine laxe, gleichgültige, zynische Haltung man dort in tonangebenden Kreisen, auch unter Politikern, Intellektuellen, Journalisten, dem ›Phänomen‹ Hitler und seinen Eskapaden, Drohkanonaden und Übergriffen gegenüber einnahm. Man muß ihn nur machen lassen, dann beißt er nicht. Oder: man darf ihn ja nicht reizen, sonst beißt er vielleicht doch. Viele waren von seinen Erfolgen und seiner pompösen Machtentfaltung

narkotisiert, fast neidisch darauf, und das ›Volk‹ läßt sich überall leicht verblenden, in allen Nationen. In den Pariser Pissoirs fand man das Hakenkreuz an die Wände geschmiert, wie einst im NS-Mai, und las da in dicken Kreidebuchstaben: LA MORT AUX JUIFS! Man fühlte sich fast wie zu Hause. Und in England hatte mir, als ich zum ersten Mal nach der Besetzung Österreichs hinkam, noch unfähig darüber zu schweigen, ein distinguierter Herr, der noch dazu Mitglied des Unterhauses war, nachsichtig auf die Schulter geklopft: »This man Hitler«, sagte er dazu, »why, isn't he quite a good chap? I think we need him, all of us, as a bulwark against Communism.«
Nach kurzer Zeit hatte man sich abgewöhnt, diesen Mister Bollwerk für »quite a good chap« zu halten – stattdessen aber gleich alle Deutschen für blutrünstige Hunnen. Dies schien schon jetzt Lord Vansittart zu tun, in dessen Haus mich Alexander Korda mitnahm, und der mich sofort fühlen ließ, daß ihm ein Deutscher, ganz gleich welcher politischen Kategorie, höchst unwillkommen sei. Einige Jahre vorher, nach dem Blutbad des 30. Juni 1934, soll er noch deutschen Hitlergegnern, zum Beispiel dem gesinnungsfesten Politiker Treviranus, in großzügiger Weise beigestanden haben. Jetzt wollte er offenbar von der ganzen Bagage nichts mehr wissen. Vermutlich hatte ihn die Willfährigkeit hoher deutscher Militärs, mit der sie sich auf Hitler einschwören ließen, als sie noch die Macht gehabt hätten, ihn zu stürzen, enttäuscht. Als ich beim Whisky meine Freunde in Deutschland erwähnte, jene Männer, die – ob rechts oder links – sich der Diktatur nicht beugten und täglich ihren Kopf riskierten, wurde er ärgerlich bis zum Grade der Unhöflichkeit. Die Deutschen, erklärte er brüsk, seien geborene Feinde aller Zivilisation und ewige Störenfriede

jeder humanen Weltordnung. Auf die persönliche Haltung weniger einzelner käme es dabei nicht an, das seien unerhebliche Nuancen. Man könne mit diesem Volk nichts anderes tun, als was schon die Römer mit den Germanen tun mußten, nämlich es unterwerfen oder hinter einen Limes verbannen. Wir setzten das Gespräch nicht fort, zumal Korda, der fürchtete, daß ich nun meinerseits in Rage kommen könne, und der mich schließlich hier eingeführt hatte, mir fortgesetzt auf den Fuß trat.
Das war nun ein britischer Nationalist. Aber selbst Bernard Shaw, der alte sozialistische Fabianer, hatte nach der Besetzung Österreichs die leichtfertige Äußerung getan: ein großer Diktator sei besser als einige kleine. Mit dem ›einen großen‹ könne man sich verständigen. – Das war die Ansicht des sogenannten ›Clivedon-Set‹, einer leicht versnobten Clique von Aristokraten, Politikern, Intellektuellen, der er damals nahestand. Zwei Jahre früher, als ich von ihm sehr freundlich zu einem höchst unterhaltsamen Lunch eingeladen war (denn er hielt den auf englisch erschienenen ›Hauptmann von Köpenick‹ für »the best continental play«, aber er kannte wenig andere), hatte ich ihn anders reden hören. Damals empfand er Stalin als »genialen Räuberhauptmann« und Hitler als eine Laus. Mit dem Ende des unabhängigen Österreich und dem, was daraus folgen mußte, setzte man sich dort erst gar nicht auseinander, ebensowenig wie mit der Besetzung Prags und der Errichtung des ›Protektorats‹ im Frühjahr 1939. Österreich war für den Durchschnitt jener devisenstarken westlichen Touristen, die im Sommer Salzburg, im Winter Kitzbühel oder St. Anton überschwemmten, ein Amüsierland gewesen, man fand es dort »gay and funny«, die Damen hatten ihren Flirt mit

dem Skilehrer und die Herrn mit dem Trachtendirndl, und niemand nahm Kenntnis von der Not, die in den Alpenländern herrschte, oder von der verzweifelten Lage in Wien: dort gab es immer noch Fasching, Bälle und die Staatsoper. Auch dachte man nicht daran, dem um seine Existenz ringenden Land wirtschaftlich zu helfen. Stattdessen saßen die Botschafter, mit Ausnahme des klugen François-Poncet äußerst beeindruckt, auf der Tribüne bei den Aufmärschen des ›Nürnberger Parteitags‹. Die westlichen Mächte, die dann mit gutem Gewissen über die deutschen Kriegsanstifter zu Gericht saßen, hatten ihr gerüttelt Maß von Mitschuld sowohl am Aufstieg Hitlers wie am Zustandekommen des Krieges – womit nichts, was von deutscher Seite geschehen ist, entschuldigt werden kann. Nur soll man auch das nicht vergessen.
Natürlich gab es andere, Wissende und Warnende, sowohl in Frankreich wie in England. Den großen Churchill habe ich leider nie kennengelernt. Aber eine Oase bester britischer Tradition und Kultur war das Haus des damaligen Innenministers Duff Cooper, in das ich durch seine Frau, die schöne Lady Diana Manners – sie hatte früher bei Reinhardt in Salzburg eine pantomimische Rolle im ›Mirakel‹ gespielt –, eingeführt wurde. Er war ein großer Kavalier, nicht ›alter‹ sondern überzeitlicher Schule, ein Mann von hohem geistigem Rang und politischer Weitsicht, der sich durch seinen ›Talleyrand‹ auch als Literat und Historiker von Format ausgewiesen hatte. Er und andere Persönlichkeiten, wie der Schriftsteller und Diplomat Harold Nicholson und sein Kreis, waren und blieben für mich überzeugende Beispiele für das, was das ›Empire‹, seit den Tagen der ersten Elizabeth und ihrer Dichter, an dauerhaften, noch längst nicht

abgewerteten Valuten für Europa und für die Welt hervorgebracht hat.
Mit Nicholson traf man sich im ›Café Royal‹ in der Regent Street, mit anderen in den ungarischen, griechischen, skandinavischen Lokalen von Soho, mit den französischen Literaten und Theaterleuten in Paris bei Fouchet oder in den kleinen Restaurants der ›Rive Gauche‹, mit Friedrich Sieburg im eleganten ›Maxim‹. Eine unwahrscheinliche Zeit – von heute aus gesehen. Es war, als ob man jeden Tag Weltgeschichte erleben und – nur durch sein Dasein – mit hervorbringen würde. Ich erinnere mich eines Abends, im März 1939, an dem ich mit dem früheren Intendanten des Leipziger Schauspiels, Detlev Sierk, einem Auswanderer um seiner ›nichtarischen‹ Frau und seiner Gesinnung willen, über einen – dann von mir bearbeiteten – holländischen Filmstoff redend, in Paris den Boul' Mich' entlangschlenderte. Plötzlich dröhnte und hallte die Stadt von den Glocken sämtlicher Kirchen. Wir gingen auf die ›Isle‹ zu, näherten uns der Kathedrale Notre Dame und hörten von ihren Türmen, zwischen Posaunenklängen, den Chorus jugendlicher Stimmen: »HABEMUS PAPAM.«
Es war der Tag, an dem Kardinal Pacelli, der frühere päpstliche Nuntius in Berlin, wo ich ihn im Hause Solf getroffen hatte, zum Heiligen Vater der römisch-katholischen Kirche gewählt worden war – eine Sendung, die ihm die Last unendlicher Problematik und unendlicher Mißverständnisse auferlegt hat. Obwohl Sierk protestantisch war, wurden wir beide von der Schicksalsgewalt dieses Augenblicks ergriffen. Wir nahmen, wie unzählige Leute, die Hüte ab und knieten, als der Pariser Bischof von einer Estrade herab den Segen gab, auf der Straße nieder.

Kurz darauf hatte ich in Paris ein entscheidendes Erlebnis. Ich hatte mich, von London kommend, mit meiner Frau dort getroffen, da ich für den Regisseur Ophüls eine Filmarbeit vollenden mußte; ich brauchte dazu eine Woche mehr als vorgesehen und als unser Visum datiert war. Da man für die Verlängerung eine besondere Empfehlung nötig hatte, besuchte ich den mir von Berlin bekannten Dichter Jean Giraudoux in seinem Bureau; er war Erster Staatssekretär des Auswärtigen Amtes. Er empfing mich mit großer Liebenswürdigkeit und fragte mich, ob ich nicht überhaupt in Frankreich bleiben wolle, wo ich doch andere Arbeitsmöglichkeiten und kulturelle Verbindungen hätte als in der Schweiz und nur eine Flugstunde nach London. Was – fragte ich zurück – wird hier mit den Emigranten geschehen, wenn der Krieg ausbricht? Wird man uns einsperren? Oder könne nicht jetzt schon eine andere Alternative erwogen werden? – »Aber mein lieber Herr«, sagte Giraudoux, mit einer lächelnden Anspielung auf den Titel seines berühmten Stücks über den Krieg um Troja – »*dieser* Krieg findet nicht statt.«

Er war ein Mann, der in die geheimsten Dossiers der Weltpolitik Einsicht hatte. Ich verließ seinen Amtssitz mit der – zum ersten Mal klaren – Entschlossenheit, Europa baldmöglichst zu verlassen.

Am nächsten Tag gingen wir, mit Giraudoux' Empfehlung versehen, in die Präfektur. In einem Warteraum saßen dichtgedrängt eine Menge von Ausländern, größtenteils Flüchtlinge aus Spanien, viele mußten stehn. Hinter einem Tisch saß ein Beamter, schaute gelangweilt in die Luft und spielte mit seinem Bleistift. Ich ging zu ihm hin, reichte ihm unsere Pässe, auch das Empfehlungsschreiben, und fragte ihn, wie lang es wohl dauern würde. Er zuckte die Achseln und wies mich mit einer Handbewegung zu den Wartenden. Obwohl viele herumstanden, war ein verhältnismäßig bequemer, mit Stoff bezogener Sessel unbesetzt. Auf dem Stoff waren eingetrocknete, dunkle Flecke. Ich erfuhr, daß sich auf diesem Sitz am Tag vorher ein alter Herr aus irgendeinem Land, den man schon wochenlang habe warten lassen, die Pulsadern geöffnet hatte. Er hielt die Hände hinter dem Rücken versteckt. Es wurde erst bemerkt, als er verblutete. Auch wir zogen es vor, den Sessel nicht zu benutzen, und machten uns auf eine endlose Wartezeit gefaßt. Plötzlich wurde ich angeredet: und zwar von Lajos, dem Bruder Ödön von Horváths. Auch er war hier wegen einer Verlängerung seiner Carte d'Identité. »Hast du dem Mann am Tisch einen Geldschein zugeschoben?« flüsterte er mir zu. Ich sah ihn verblüfft an. Auf die Idee, daß man das tun könne oder sogar müsse, war ich gar nicht gekommen. »Wenn man das nicht macht«, sagte Lajos leise, »kommt man hier nie dran, da hilft auch keine Empfehlung.« – Ich spielte mich unauffällig wieder an den Beamten heran und bat ihn, mir meinen Paß noch einmal zu geben, ich hätte etwas vergessen. Er schob ihn mir zu, ohne hinzuschauen, und ich steckte eine nicht unbeträchtliche Banknote hinein. Auch jetzt schaute er weiter in die Luft und spielte mit seinem Bleistift, ließ aber nach einiger Zeit den Paß unter seinem Tisch verschwinden. Ich brauchte nicht mehr lang zu warten, bis ich aufgerufen wurde und meine Angelegenheit im Amtszimmer nebenan reibungslos erledigen konnte. Mein Entschluß, diesen Erdteil zu verlassen, festigte sich.

Am Abend besuchten wir die Erstaufführung einer Operette, in welcher der emigrierte österreichische Schauspieler Oskar Karlweis die Hauptrolle spielte. Es war ein grausames Spiel. In seiner Garderobe lief ihm der Angstschweiß herunter, und er repetierte mit zitternden Lippen immerzu seinen Text. Auf der Bühne strahlte und lächelte er, tanzte und tänzelte, wie es sein Part verlangte, sang Chansons mit Zugaben, führte blitzschnelle Dialoge, improvisierte sogar – alles in einer Sprache, die er vielleicht vorher schon recht gut gekonnt, die aber noch vor einem knappen Jahr nicht seine Berufssprache gewesen war: und wie empfindlich sind gerade die Franzosen gegen unkorrekt oder schwerfällig gesprochenes Französisch! (Nur die Deutschen liebten Schauspieler, die – wie Moissi oder Sokoloff – einen fremdländischen Akzent sprachen.) Ich sah den reizenden Karlweis einige Jahre später noch einmal in der gleichen Situation, diesmal war es die Hauptrolle einer Uraufführung in New York, die er – mit ungeheurem Text – auf englisch spielen mußte. Wie soll ein Mensch davon keinen Herzfehler bekommen? Woran er dann, als alles vorbei war und er wieder in seiner Muttersprache spielen konnte, auch starb. Damals, in Paris, kam es mir vor, als ob jemand ohne Balancierstange und Netz übers hohe Seil gehen müsse. Aber er kam hinüber. Man bereitete ihm einen rauschenden Erfolg, das Pariser Publikum war begeistert. Wir feierten das Ereignis spät nachts in einer neu aufgemachten ›Taverne Viennoise‹, in der die Pariser ihren Ersatz für die Salzburger Mirabell-Bar fanden. Karlweis wurde bei seinem Eintritt beklatscht und mußte zu Klavierbegleitung noch einmal sein Erfolgs-Chanson zum besten geben. Dann sangen zwei höchst effeminiert wirkende junge Österreicher in Landestracht, die vermutlich wegen ihrer unüberwindlichen Zuneigung zueinander emigriert waren, den Erzherzog-Johann-Jodler:

»Wo ich geh und steh
Tut mir das Herz so weh – –«

Als Spaßmacher waren die ›Autres-Chiens‹, wie man sie im Ersten Weltkrieg genannt hatte, immer noch beliebt. In Gedanken stand ich schon auf dem amerikanischen Konsulat...

Dort, in Genf, fiel es mir nicht schwer – durch großzügigen Beistand aus Amerika, von dem ich noch zu berichten habe –, ein allerdings begrenztes Besuchervisum zu bekommen. Aber das genügte uns. Mein einziges Ziel war jetzt: wegzukommen, bevor es zu spät wäre. Die Zeit der naiven Gutgläubigkeit war für mich zu Ende. Ich wußte, daß der ›unbekannte Gefreite‹ aus dem Ersten Weltkrieg nicht ruhen werde, bis er der ›Oberste Kriegsherr‹ eines zweiten sei. Ich spürte geradezu den Ekrasitgeruch in der Luft. Es gab keine Zeit zu verlieren. Und unsere Atempause in der Schweiz und in Westeuropa, die Ruhe und Geborgenheit im Haus der lieben Freunde in Chardonne, war vorbei.
Da wir nicht alles mitnehmen konnten, was sich im Lauf dieses Jahres bei uns angesammelt hatte, Bücher zum Beispiel und ein wenig eigenes Geschirr, brachte mir mein Freund Pierre, zum Verstauen und Abstellen, einen altertümlichen Holzkoffer, mit gewölbtem Deckel und Metallbändern versehen; auf dem Deckel standen die großen Buchstaben V. H. In jenem Gepäckstück Victor Hugos fanden wir nach dem Krieg unsere Sachen wieder.
Es war Mai. Der Genfersee strahlte in der vollen Pracht eines makellosen Frühlings. Nie schien mir die Landschaft so friedlich, so voller Harmonie: aus Nord und

Süd gewoben, das Herzstück des alten Kontinents. Der Welt, in die wir gehörten.
Drüben, auf der anderen Seite des Sees, in dem französischen Kurort Evian, fand damals eine ›Internationale Flüchtlingskonferenz‹ statt. Es waren nicht Flüchtlinge, die da konferierten, sondern Beauftragte und Amtspersonen verschiedener Nationen, auch des ›Völkerbundes‹, die sich mit dem Schicksal der die Grenzen überflutenden Refugianten, vor allem mit den Formalitäten, wie Erstellung von Nansen-Pässen und dergleichen, befaßten. Sie führte, wie Konferenzen gewöhnlich, zu nichts, wovon wir, die Betroffenen etwas bemerkt hätten. Aber zu ihrem Abschluß, am letzten Abend, wurde dort ein Bankett und dazu ein gewaltiges Feuerwerk veranstaltet.
Wir standen auf der von alten Linden bedachten Gartenterrasse des Hotels Belle-Vue, von der man den ganzen See vom Einfluß der Rhône bis weit nach Westen überblicken konnte, und sahen, wie die Raketen gen Himmel sausten und wie sich phantastische Lichtgebilde in der Nachtluft entfalteten. Immerhin hübsch, sagte ich, daß sie uns ein so brillantes Abschiedsfest geben.
Freunde begleiteten uns bis aufs Schiff, an der Mole in Rotterdam. Gustav Kapsreiter war aus Österreich gekommen, wir gingen noch einen Tag in Den Haag spazieren, standen im Maurits-Huis vor den Vermeers, aßen und tranken zusammen, ungerührt und heiter, wie sich's gehört. Noch an Bord fanden wir Freundesbriefe, aus den schon entschwindenden Gefilden, darunter einen unvergeßlichen von Alexander Lernet-Holenia: »Beklage Dein Schicksal nicht«, schrieb er mir, »ich beneide Dich darum. Du wirst die Welt sehen, deren Gesetz die Verwandlung ist, Du wirst in einer neuen Welt ein neuer

Mensch sein. Verwandle Dich! Verwandle Dich! Nur in der Verwandlung ist Leben.«

Wir nahmen vor der Einschiffung noch einen kurzen Aufenthalt in Paris, wo ich eine Arbeit zu vollenden und mein Resthonorar einzukassieren hatte, bei den kleinen, privaten Filmgesellschaften ein harter Strauß: wenn man kam, war immer gerade die Kassiererin oder der Chef beim Essen... Die Abreise nahm einen dramatischen Verlauf, mit einem Einschlag von Kriminalgroteske. Um zum Bahnhof zu fahren, brauchten wir unseres umfangreichen Gepäcks wegen zwei Taxis und begingen die Unvorsichtigkeit, alle miteinander samt Hund das erste zu besteigen und das zweite mit dem Gepäck folgen zu lassen. Im Verkehr verloren wir das zweite aus den Augen, und wir standen schon auf dem Bahnsteig, unmittelbar vor Abgang des Zugs, ohne daß unser Gepäck erschienen wäre. Der Chauffeur, der uns gefahren hatte, erklärte uns, daß er den anderen Taxiführer nicht kenne – wir hatten uns auch die Nummer nicht gemerkt –, es passiere jedoch in Paris sehr oft, daß ein nur mit Gepäck befrachtetes Taxi nie mehr wiederkäme, sondern nach Marseille fahre, wo man dann den Inhalt der Gepäckstücke aufs vorteilhafteste verkaufen könne. Wir sahen schon unsere letzten Kleider, Anzüge, Schuhe unterwegs ans Mittelmeer... Im letzten Moment aber erschien der Mann, er hatte nur eine kleine Panne gehabt, und half den Trägern, während schon die Kupees geschlossen wurden, rasch noch alles hineinzuschleudern. Zum Abschied war Friederike Zweig auf den Perron gekommen, sehr verstört, mit der Nachricht, daß Joseph Roth während der Nacht im Delirium gestorben sei.

Am Vorabend, unserem letzten in Paris, hatte uns der Filmregisseur G. W. Pabst in das exquisite Restaurant ›Vert Gallant‹ auf der Isle St. Louis eingeladen. Es gab dort herrlichen Wein. Wir tranken sehr viel, erst einen trockenen weißen Sancerre von der Loire, dann Burgunder, dann noch einige Cognacs. Bei der Verabschiedung wollten wir nicht mit den Freunden im Taxi fahren, wir brauchten, so sagten wir, frische Luft und gingen lieber zu Fuß. Wir wollten allein sein. Wir gingen, meine Frau und ich, zuerst am linken Ufer entlang, dann über eine der Brücken auf das rechte zu. In der Mitte der Brücke blieben wir stehn, setzten uns auf das Geländer, hielten uns aneinander fest. Wir waren betrunken. Wir wußten nicht, ob wir lachten oder weinten. Die Lichter der Stadt spiegelten sich in dem rasch fließenden schwarzen Wasser. Es schlug zwölf von Notre Dame und von anderen Türmen. Liebespaare lehnten umschlungen an den Brükkenpfeilern, unter der Brücke mochte sich ein Clochard in seinen löchrigen Mantel rollen. Man hörte von den verankerten Schleppkähnen Lachen und Singen, das Spielen einer Ziehharmonika, das Kreischen einer Weiberstimme. Man hörte die Stadt, man sah sie funkeln und sprühn. In solchen Augenblicken weiß man nicht genau, was im andern, was in einem selber vorgeht. Ich hörte meine Frau stammeln – »das alles – vielleicht nie mehr – vielleicht zerstört, in Trümmern – das alles, was wir –« Sie machte eine weite Bewegung, über den Fluß, über die Stadt, über unseren Erdteil hin – »so schön« – rief sie und wies auf das durchflackerte Strömen der Seine.
Ich aber sah nicht die Seine, sah nicht die Lichterstadt. Ich sah den Rhein.

# Nachwort

Carl Zuckmayer (1896–1977), der einst vielgespielte Autor, ist von den deutschen Spielplänen nahezu verschwunden. Wo ehedem *Der fröhliche Weinberg, Der Hauptmann von Köpenick* oder *Des Teufels General* volle Häuser machten und wütende Diskussionen, ja Proteste auslösten, reagieren Theaterleiter, Regisseure und Kritiker heute mit verlegenem Achselzucken. Damit steht Zuckmayer freilich nicht allein. Auch Gerhart Hauptmann und George Bernard Shaw haben derzeit keine Konjunktur. Sogar um die internationale Kultfigur Bertolt Brecht ist es etwas stiller geworden. Offenbar gehört es zu den geheimen Gesetzen der Literaturgeschichte, daß zu Lebzeiten sehr erfolgreiche Dichter nach ihrem Tod für eine gewisse Zeit in der Versenkung verschwinden. Ob und wann sie aus dieser Versenkung wieder auftauchen, hängt von vielerlei Zufällen ab; Voraussagen sind gefährlich. Da die deutsche Literatur von bühnenwirksamen Stücken, zumal Komödien, nicht gerade überquillt, sind die Aussichten für eine Renaissance nicht ungünstig.

Als Siebzigjähriger hat Zuckmayer seine Lebenserinnerungen geschrieben. Unter deutschen Dichtern ist das eher die Ausnahme als die Regel. Meist sind es Politiker, Diplomaten, Schauspieler und Fußballstars, die ihr Dasein für bedeutsam genug erachten, um es für die Nachwelt festzuhalten. Für Schriftsteller gilt im allgemeinen, was Max Liebermann einem neugierigen Reporter entgegenhielt: »Ich bin sehr bourgeois und regelmäßig wie eine Turmuhr. Natürlich ist es leichter, über einen zu schreiben, der alle paar Jahre mit einer anderen durchgeht oder jeden Abend in der Gosse liegt oder sonst sich genialisch gebärdet.« Wobei einschränkend hinzuzufügen ist, daß die Massenaustreibung der deutschen Intelligenz durch die Nationalsozialisten in das Leben Zuckmayers und seiner Leidensgenossen ein dramatisches Element hineintrug, das sich auch die kühnste dichterische Phantasie nicht hätte ausmalen können. Insofern haftet dem effektvoll-doppeldeutigen Titel *Als wär's ein Stück von mir* auch ein Hauch melancholischer Ironie an. Aufs ganze gesehen, ist Melancholie nun freilich nicht der Ton, auf den Zuckmayer seine Autobiographie gestimmt hat. Im Gegenteil: Zu Beginn des – im vorliegenden Band abgedruckten – zweiten Kapitels behauptet er schlankweg, die Katastrophe der Vertreibung ereigne sich früher oder später in jeder menschlichen Existenz. Davon kann selbstverständlich keine Rede sein. Was wir hier vor uns haben, ist der typische Fall einer »Sinngebung des Sinnlosen« (Theodor Lessing), eines Strebens nach prästabilisierter Harmonie, mit dem auch Voltaires Maître Pangloss im *Candide* noch die größten Ungeheuerlichkeiten einem weisen Schöpfungsplan zuordnet. Richtig (und erstaunlich) ist, daß der bodenständige Zuckmayer die erzwungene Emigration seelisch unbeschädigter überstand als mancher der sogenannten »wurzellosen Asphaltliteraten«. Während vielgereiste Weltbürger wie Stefan Zweig oder Kurt Tucholsky sich im Exil verzweifelt das Leben nahmen oder in ihrer Schaffenskraft so gebrochen wurden, daß sie nach dem Krieg den Anschluß nicht mehr fanden, scheint die Vertreibung bei Zuckmayer nur eine vorübergehende, ohne Bitternis überstandene Episode. Kaum zurückgekehrt, erringt er mit *Des Teufels General* den größten Theatererfolg der Nachkriegszeit. Neben Brechts *Furcht und Elend des Dritten Reiches* und *Der aufhaltsame Aufstieg des Arturo Ui* ist es wohl die überzeugendste Auseinandersetzung mit jener dunkelsten Periode der neueren deutschen Geschichte. Alle drei Werke sind – wie übrigens auch das Deutschlandlied – im Ausland entstanden.

Das zweite Kapitel der Autobiographie setzt im Jahr 1934 ein und endet mit Zuckmayers Auswanderung nach Amerika. Die »Machtergreifung« Hitlers erlebt der »minderrassige« Antifaschist (seine Mutter ist Jüdin) zu seinem Glück in Österreich: Von den Tantiemen des *Fröhlichen Weinbergs* hat er sich 1926 bei Salzburg ein kleines Gut gekauft.

Vorangegangen waren die schweren Jahre des Aufstiegs. Der

Vater, ein Fabrikant von Flaschenkapseln im rheinhessischen Nackenheim, hält von den dichterischen Ambitionen seines Sohnes wenig: »Du bist nix«, pflegt er zu sagen, »hast nix, kannst nix, wirst nix.« Das Echo bei Publikum und Kritik scheint ihm recht zu geben. Zuckmayers erstes, noch ganz dem Expressionismus verpflichtetes Stück *Der Kreuzweg* (1920) wird nach drei Vorstellungen abgesetzt. Der Berliner Kritikerpapst Alfred Kerr prophezeit: »Dieser heillose Lyriker, dem manchmal ein paar schöne Verse gelingen, wird niemals einen auf der Bühne sprechbaren Satz hervorbringen.« Auch sein zweites Stück, *Pankraz erwacht* (1924), ist ein Reinfall. Bei der Premiere im Schauspielhaus am Gendarmenmarkt in Berlin kommt es zu lautstarken Unmutsäußerungen; erst nachdem der Intendant, Leopold Jessner, mit dem Ausruf: »Respekt vor der Arbeit!« Ruhe geschaffen hat, kann die Aufführung weitergehen.
Zuckmayer, nach eigenem Eingeständnis »ohne Geld, ohne Stellung, ohne Ruhm«, sucht sich durch Beschäftigungen unterschiedlichster Art über Wasser zu halten. Er volontiert ohne Bezahlung als Regieassistent; er schreibt Stummfilm-Drehbücher, die nie angenommen werden; er arbeitet in einem Bergwerk in Lappland; einmal betätigt er sich sogar als Zwischenträger im Rauschgifthandel. Ein Engagement als Dramaturg am Kieler Stadttheater endet katastrophal: Nach der Generalprobe des *Eunuchen* von Terenz wird er »wegen Aufsässigkeit, Unbotmäßigkeit und völliger künstlerischer Unfähigkeit« fristlos entlassen.
Am 22. Dezember 1925 kommt endlich der Durchbruch. Sein mit dem Kleist-Preis ausgezeichnetes, in rheinhessischem Dialekt geschriebenes Volksstück *Der fröhliche Weinberg*, zunächst von sämtlichen Berliner Bühnen abgelehnt, erringt am Theater am Schiffbauerdamm einen sensationellen Erfolg. In der Pause stürzt Mutter Zuckmayer zu ihrem in den Kulissen zitternden Sohn und überbringt ihm die freudige Nachricht: »Kerr hat gelächelt!« Nun wagt er selbst, durch den Sehschlitz im Vorhang einen Blick auf das Publikum zu tun. Er sieht »eine wogende

Brandung von Köpfen, Gesichtern, Hemdbrüsten, Schultern, die sich unablässig bogen und gleichsam wälzten vor Lachen, aufgerissene Münder, aus denen es schrie und kreischte«.
Nicht nur Alfred Kerr, auch die launische Göttin Fortuna lächelte fortan dem bis dahin von pekuniären Sorgen gepeinigten Dichter: In Berlin lief *Der fröhliche Weinberg* zweieinhalb Jahre en suite; mehr als hundert Bühnen erwarben noch in der Premierenwoche das Aufführungsrecht. Daß sich Korpsstudenten und die nationale Rechte in der Figur des Assessors Knuzius persifliert sahen und der katholische Klerus gegen die lockere Moral des Stückes den Bannstrahl schleuderte, erwies sich als zusätzlicher Anreiz. Der Intendant des Leipziger Theaters kam auf den köstlichen Gedanken, das Publikum schriftlich zu verpflichten, »in keinerlei Weise zu demonstrieren und dadurch die Aufführung zu stören«. In München wurde das Stück wegen nicht abreißender Krawalle schließlich von der Polizei verboten.
Mit dem *Schinderhannes* (1927) und *Katharina Knie* (1928) setzte Zuckmayer seine Erfolgsserie fort – nicht zum ungeteilten Vergnügen der Kritik: »Zuckmayers Talent«, schrieb Erich Kästner, »unbezweifelbar und groß, ist sehr einseitig gewachsen. Er hat die Gabe, seine Menschen reden zu lassen, wie ihnen tatsächlich der Schnabel gewachsen ist. Er läßt sie schimpfen, daß jeder Fuhrknecht vor Neid erblassen muß; er versteht sich auf den Mutterwitz im Volke wie wenige. Aber, wird man fragen, was hat das alles mit dramatischer Handlung zu tun? Das ist es ja eben! Zuckmayers Talent ist beschreibender Natur. Er setzt Szene neben Szene, und jede einzelne ist gut; manche ist großartig. Es fehlt nur die bindende fortreißende Bewegung. Also – es fehlt nur die Hauptsache.«
Mit dem *Hauptmann von Köpenick* (1931) bringt Zuckmayer seine Kritiker zum Schweigen. Während Goebbels' *Angriff* gegen die Verhöhnung preußischer Uniformen wütet und dem Verfasser ankündigt, er werde selbst bald Gelegenheit haben, ein Zuchthaus von innen kennenzuler-

nen, nennt Thomas Mann das Stück kurz und bündig »seit Gogols Revisor die beste Komödie der Weltliteratur«.
Zu Beginn der dreißiger Jahre steht Zuckmayer im Zenit seines Ruhms. Noch vor Brecht ist er der meistgespielte Autor des zeitgenössischen deutschsprachigen Theaters. Auch der Film sucht sich seiner Mitwirkung zu versichern: Das Drehbuch zum *Blauen Engel* stammt von ihm. Die wichtigsten deutschen Literaturpreise hat er längst eingeheimst. Sein Haus im Salzburger Land ist Mittelpunkt eines geselligen Kreises, zu dem nicht nur seine Nachbarn, die Schauspieler Werner Krauss und Emil Jannings, und »der Professor« Max Reinhardt gehören, sondern auch schreibende Kollegen wie Stefan Zweig, Joseph Roth, Ödön von Horváth, Alexander Lernet-Holenia und Franz Werfel. »Schöne Frauen«, schreibt er, ganz Kavalier der alten Schule, »wurden in diesem Kreis wie Göttinnen gefeiert« – eine Galanterie, die sich in unserem emanzipierten Zeitalter die Betroffenen freundlich verbitten würden.
Der Anschluß Österreichs macht der Idylle ein ebenso brutales wie plötzliches Ende. Nachdem Zuckmayer in einer ersten heroischen Aufwallung Heim und Herd mit Waffengewalt verteidigen will, gelingt es seiner Frau, ihm seine bedrohliche Lage klarzumachen und ihn zu sofortiger Ausreise zu überreden. Wie er den Grenzübertritt in die Schweiz schildert, das zeigt die geübte Hand des Dramatikers: Statt ihn zu verhaften, läßt der diensthabende SS-Mann in Feldkirch seine Leute als Ehrenformation antreten. »Was sollen wir in einem Land, wo man Ketchup aufs Rindfleisch schüttet«, hatten Werfel und Zuckmayer unlängst noch hochmütig gewitzelt. Und dann fanden sich beide doch in Amerika wieder. Nicht allen war dieses Glück beschieden: Beim Antritt der Überfahrt erfährt Zuckmayer, daß sich Joseph Roth in Paris zu Tode getrunken hat. Ein Jahr zuvor war Ödön von Horváth auf den Champs Elysées von einer Ulme erschlagen worden; die Beschreibung dieses seltsamen Unglücksfalls und der noch seltsameren Beerdigung gehört zu den packendsten Seiten des Buches.

Was hat uns Zuckmayer heute noch zu sagen? In einem Aufsatz aus dem Jahr 1952, in dem der falsche Hauptmann von Köpenick mit dem echten General Harras (in *Des Teufels General*) verglichen wird, attestiert ihm der Literaturkritiker Paul Rilla »ein herzliches Behagen an der spezifischen Humorigkeit eines Milieus von deutschen Uniformträgern«. Er fährt fort: »Ein Autor von sinnlichen dichterischen Gaben, aber von noch größeren Talenten des gefälligen Entgegenkommens. Er begann 1920, wie alle jungen Leute damals begannen: mit der lyrischen Theaterrevolte. Doch früher als andere spürte er, daß sich der Zeitwind, der die Mühle des Erfolgs treibt, zu drehen begann, oder mit seinen eigenen Worten: ›daß es jetzt keine literarischen Bomben mehr zu werfen gelte‹. Statt dessen galt es, den Bombenerfolg des ›Fröhlichen Weinbergs‹ einzuheimsen und fortan in Freud und Leid nicht nur ein volkstümlicher Autor, sondern ein Spezialist für starkduftendes Volkstum zu sein, für fröhliches und sentimentales.«
Ebenso scharf geht Thomas Ayck, der Verfasser der ersten (und bisher einzigen) nach Zuckmayers Tod erschienenen Biographie mit seinem Gegenstand ins Gericht. Das alte Volksstück habe der konservativen Theatertradition immerhin eine gewisse Ernsthaftigkeit in der dramatischen Behandlung der Unterschichten abgetrotzt. Zuckmayer habe diesen sozialkritischen Ansatz vernachlässigt; der Grund für seine Triumphe sei hauptsächlich darin zu suchen, daß es ihm gelungen sei, die wahren Zeitprobleme in bretterwirksame Scheinprobleme umzumünzen und so einem reaktionären Publikum schmackhaft zu machen.
Wer wollte leugnen, daß hierin ein Körnchen Wahrheit steckt? In der Tat hat Zuckmayers Hang zum volkstümlichen Bilderbogen und zur romantischen Heldenverehrung – nicht zufällig heißt eine seiner Töchter Winnetou – ihn gelegentlich in gefährliche Nähe zum Kitsch geraten lassen. Diese unbestreitbaren Schwächen sind aber nur die eine Seite der Medaille. Die andere sind sein untrüglicher Theaterinstinkt, seine Charakterisierungskunst und seine anstek-

kende Vitalität. Welcher Autor war es doch, der von der »durchschlagenden Wirkungslosigkeit eines Klassikers« sprach? Ob Zuckmayer in den Olymp der deutschen Klassiker aufgenommen wird, mag dahinstehen. Wirkungslos wird er auch in hundert Jahren nicht sein.

*Jörg von Uthmann*

# Erzählte Zeit

## 50 deutsche Kurzgeschichten der Gegenwart

Herausgegeben von Manfred Durzak. 520 Seiten. Kartoniert und Ganzleinen. UB Nr. 9996 [6]

Autoren: Alfred Andersch · Hans Bender · Johannes Bobrowski · Heinrich Böll · Wolfgang Borchert · Thomas Brasch · Herbert Eisenreich · Jörg Federspiel · Fritz Rudolf Fries · Gerd Gaiser · Stephan Hermlin · Wolfgang Hildesheimer · Otto Jägersberg · Marie Luise Kaschnitz · Alexander Kluge · Friedrich Wilhelm Korff · Günter Kunert · Reiner Kunze · Elisabeth Langgässer · Siegfried Lenz · Heiner Müller · Heinz Piontek · Ulrich Plenzdorf · Josef Reding · Luise Rinser · Hans Joachim Schädlich · Klaus Schlesinger · Arno Schmidt · Peter Schneider · Robert Wolfgang Schnell · Wolfdietrich Schnurre · Martin Walser · Wolfgang Weyrauch · Gabriele Wohmann